reinhardt

erleben & lernen

Band 17

Herausgegeben von

Prof.in Dr. Janne Fengler, Prof. i.R. Dr. Werner Michl, Holger Seidel

Marcus Weber

Erlebnispädagogik in der Grundschule

89 Aktionen und Spiele

3., aktualisierte Auflage

Mit 55 Abbildungen

Ernst Reinhardt Verlag München

Marcus Weber, Dipl.-Sozialpädagoge mit dem Schwerpunkt Freizeitpädagogik, arbeitete als pädagogische Leitung im Offenen Ganztag an mehreren Grundschulen in Neuss und Düsseldorf. Aktuell bietet er Workshops und Seminare zum Thema Erlebnispädagogik in Grundschulen und Kindertagesstätten an. Weitere Informationen finden Sie unter www.spitzenklasse.info.
Im Ernst Reinhardt Verlag ebenfalls erschienen:
Weber, M.: Der kleine Teamplayer. 33 erlebnispädagogische Aktionen für die Kita (1. Aufl. 2021; ISBN 978-3-497-03024-8)

Bibliografische Information der Deutschen Nationalbibliothek

Die Deutsche Nationalbibliothek verzeichnet diese Publikation in der Deutschen Nationalbibliografie; detaillierte bibliografische Daten sind im Internet über <http://dnb.d-nb.de> abrufbar.

ISBN 978-3-497-03268-6 (Print)
ISBN 978-3-497-61895-8 (PDF-E-Book)
ISBN 978-3-497-61894-1 (EPUB)
3., aktualisierte Auflage

Printed in EU
Covermotiv und Fotos im Innenteil: Marcus Weber
Satz: FELSBERG Satz & Layout, Göttingen

Ernst Reinhardt Verlag, Kemnatenstr. 46, D-80639 München
Net: www.reinhardt-verlag.de E-Mail: info@reinhardt-verlag.de

Inhalt

Vorwort

„Plus est en vous! – In euch steckt mehr!“. Dieses Zitat von Kurt Hahn, einem der Begründer der Erlebnispädagogik, spiegelt sehr gut wider, was ich in den letzten Jahren durch meine Arbeit an einer Grundschule erleben durfte.

Als ich im Jahr 2010 an der Albert-Schweitzer-Grundschule in Neuss begann, ganz gezielt erlebnispädagogisch mit einer Klasse zu arbeiten, haben weder Lehrer, Eltern noch ich damit gerechnet, dass wir nach vier Jahren Grundschulzeit eine Klasse vor uns stehen haben würden, für die Zusammenhalt, Teamstärke und Kooperation so selbstverständlich sein würden wie der tägliche Gong zur großen Pause.

An unserer Schule gibt es seit dem Jahr 2008 das Konzept der offenen Ganztagsklassen, der sogenannten OGS-Klassen. Diese Klassen setzen sich ausschließlich aus Schülern zusammen, die den offenen Ganztag an unserer Schule besuchen. Sie haben in ihrem Stundenplan zusätzliche Projektstunden verankert, die von einer pädagogischen Fachkraft geplant, organisiert und durchgeführt werden. Ziel dabei ist es, die Schüler aus der klassischen Lernsituation herauszuholen und eine Auflockerung des Schulvormittags zu erreichen.

Für die Klasse 1b, der ich im Jahr 2010 mit dem Ziel zugeteilt wurde, das bestehende Konzept zu hinterfragen und weiterzuentwickeln, bedeutete dies, dass sie nun fortan einmal wöchentlich eine Projektstunde mit dem Schwerpunkt Team- und Kooperationsförderung in ihrem Stundenplan verankert hatte. Selbstverständlich ist ein wöchentlicher Rhythmus keine Voraussetzung, um erlebnispädagogische Einheiten in den Unterricht einbauen zu können. Prinzipiell können die Aktionen jeweils in einer Schulstunde umgesetzt werden, regelmäßig oder auch gelegentlich, ggf. auch in Projektwochen oder auf Klassenfahrten.

Im 1. Schuljahr meiner Klasse 1b fing alles ganz entspannt und harmlos an. Da ich meine Klasse erst einmal kennenlernen wollte, bot ich in den ersten sechs Wochen bis zu den Herbstferien überwiegend Kennenlernspiele sowie sogenannte Warm-up-Spiele an. Mein Ziel war es, einen ersten Eindruck von den Kindern zu gewinnen und gleichzeitig jedes einzelne Kind mit einem guten Gefühl in der Klasse ankommen zu lassen. Darüber hinaus fand ich meine Vorgehensweise auch deshalb sinnvoll, weil die Klasse aus insgesamt 26 Kindern bestand, die aus 16 verschiedenen Kindertagesstätten kamen.

Nach den Herbstferien stieg ich dann jedoch in die Thematik Team- und Kooperationsförderung ein. Zunächst berücksichtigte ich Aktionen, die ich im Laufe meines Studiums zum Sozialpädagogen sowie während meiner Tätigkeit als Kursleiter für einen Anbieter erlebnispädagogischer Klassenfahrten kennenlernen und verinnerlichen durfte. Dieses Repertoire reichte aus, um für meine Klasse diese wöchentliche Projektstunde anbieten zu können und uns als Klasse zu einer kleinen Gemeinschaft zusammenwachsen zu lassen.

Zu Beginn des 2. Schuljahres war ich sehr gespannt, was nach sechs Wochen Sommerferien an gelernten Verhaltensmustern noch vorhanden war. Zu meiner großen Überraschung war über die Ferien nicht so viel an ersten Strategien und Verhaltensmustern verloren gegangen, wie ich befürchtet hatte. Daher war es mir möglich, gewissermaßen nahtlos an den bisher vermittelten Kompetenzen anzuknüpfen und diese weiter zu verfestigen. Doch nun trat ein für mich unerwartetes Problem auf: Die Aktionen, die ich mir aus den verschiedensten auf dem Markt vorhandenen Praxishilfen für meine Projektstunden ausgewählt hatte, waren größtenteils so nicht auf die Altersgruppe der Sieben- bis Achtjährigen im Rahmen der Grundschule anwendbar. Entweder die Anforderungen waren deutlich zu hoch, oder aber die örtlichen Bedingungen ließen eine Durchführung in der beschriebenen Form nicht zu.

Also begann ich, die Aktionen den Fähigkeiten von Zweitklässlern sowie dem Raum Grundschule anzupassen, und entwickelte erste kleine eigene Aktionen, die ich sowohl innerhalb als auch außerhalb des Schulgebäudes stattfinden lassen konnte. Im Laufe des 2. Schuljahres geschah es immer häufiger, dass mich die Kinder mit der Anwendung von erlernten Teamstrategien in Erstaunen versetzten. Gleichzeitig war deutlich zu sehen, wie stark sich der Zusammenhalt dieser Klasse zum Positiven entwickelt hatte und die Kinder als Einheit auftreten konnten.

Diese Entwicklung setzte sich im 3. Schuljahr nahtlos fort. Der Zusammenhalt der Klasse festigte sich mehr und mehr, und die von mir angebotenen Aktionen meisterten die Kinder mit Bravour. Es war also für mich an der Zeit, die Anforderungen an die Klasse deutlich zu erhöhen, damit die Aktionen weiterhin als Herausforderungen für die Kinder wirken konnten. Ich orientierte mich mittlerweile an Aktionen, die ich ursprünglich der Sekundarstufe 1 zugeschrieben hatte, veränderte nur geringfügig etwas am Anspruch und passte die Aktionen den örtlichen Gegebenheiten an. Gleichzeitig fand die Entwicklung eigener Aktionsideen je nach Bedarf und Inspiration parallel weiter statt.

Wie stark der Zusammenhalt dieser Klasse zum Ende des 3. Schuljahres war, zeigte sich für Klassenlehrer, Eltern und mich in dem Moment, als wir einen Mitschüler verabschieden mussten, dessen Familie beschlossen hatte, ins Ausland auszuwandern. Die Klasse trauerte gemeinsam um den Verlust und den leeren Platz, den dieser Mitschüler hinterlassen würde. Gleichzeitig bauten sich diese Kinder gegenseitig auf und machten sich

Mut für das letzte noch verbleibende gemeinsame Jahr. Ein Erlebnis, das sich in meiner Erinnerung nachhaltig verankert hat.

Aufgrund der Entwicklung, welche die Klasse durchlebt hatte, beschloss ich, im 4. Schuljahr den Fokus der Projektstunden auf das Thema Vertrauen zu legen. Dass die Kinder ein Team sein konnten und für diese Altersgruppe perfekt kooperierten, stand nun zweifelsfrei fest. Und da ich mir für den Abschluss der Grundschulzeit eine sehr herausfordernde Aufgabe überlegt hatte, war es notwendig, sich diesem wichtigen Thema zu widmen. Aufgrund des starken Zusammenhalts in dieser Klasse traten keine Schwierigkeiten auf, wenn Übungen mit Körperkontakt verbunden waren. Auch das Zusammenfinden von verschiedenen Paaren für die von mir ausgewählten Aufgaben war in dieser Klasse kein Problem. Hier kam jedes Kind mit jedem Klassenkameraden zurecht.

In der letzten Schulwoche war es dann soweit. Unsere Klasse fuhr auf Abschlussfahrt. Als Ziel hatten wir uns den Anbieter erlebnispädagogischer Klassenfahrten ausgewählt, bei dem ich während meines Studiums nebenbei gearbeitet hatte. Was den Kursleitern dort von Seiten der Kinder gezeigt wurde, versetzte diese deutlich erkennbar in Erstaunen. Denn vor ihnen stand ein Team, das wusste, wie man Problemstellungen angeht, worauf man achten muss und auch, wie man mit Rückschlägen umgeht. Aufgeben war keine Alternative. Diese Klasse wusste um ihre Stärke und ging selbstbewusst und gleichzeitig kontrolliert sowie zielorientiert damit um. Die letzte große Herausforderung, die ich mir während dieser Abschlussfahrt für die Kinder überlegt hatte, war die Übung „Vertrauensfall". Bei dieser Übung lässt sich ein Gruppenmitglied auf einem Tisch stehend rückwärts in die Arme seiner Klassenkameraden fallen. Eine Aufgabe, die zum Abschluss das Adrenalin noch einmal mächtig hochschnellen ließ. Auch bei mir, denn zu guter Letzt habe ich mich auf den Tisch gestellt und mich in die Arme meiner Klasse fallen lassen. Als Beweis dafür, dass ich auf das vertraute, was diese Kinder leisten können, und als Dank dafür, dass ich vier Jahre mit diesen Kindern erleben durfte.

Seit zwei Jahren arbeite ich nun mit einer neuen OGS-Klasse und widme eine meiner Projektstunden der Team- und Kooperationsfähigkeit. Natürlich musste ich meine Erwartungen an diese neue Gruppe erst einmal herunterschrauben. Doch auch hier stelle ich mittlerweile fest, welche Bedeutung diese eine Stunde in der Woche für das soziale Gefüge dieser Klasse hat. Noch haben wir ein gemeinsames Stück an erlebnisreichen Aktionen vor uns. Doch ich bin davon überzeugt, dass auch diese Kinder nach vier Jahren Grundschulzeit verinnerlicht haben werden, was es bedeutet, ein Team zu sein.

Ich danke meinen KollegInnen, Vorgesetzten und Freunden Andrea Knopper, Sven Blatt, Viola Bos, Aleksandra Palach, Isabella Nickisch,

Katharina Hambloch und Jennifer Falk für ihre Unterstützung meiner Arbeit, ebenso wie dem Reihenherausgeber Prof. Dr. Jagenlauf. Mein größter Dank gilt meinen SchülerInnen der Klasse 4b des Abschlussjahrgangs 2014 sowie den SchülerInnen der Klasse 3b des Schuljahres 2016/17 der Albert-Schweitzer-Schule in Neuss.

Mit diesem Praxisbuch möchte ich Sie ermutigen, auch an Ihrem Standort erlebnispädagogisch zu arbeiten. Suchen Sie sich Möglichkeiten, Erlebnispädagogik in den Schulalltag von Grundschulkindern zu integrieren. Sie werden sehen, es lohnt sich.

Neuss, Januar 2024
Marcus Weber

Hinweis: Im Interesse der Lesefreundlichkeit wird in diesem Buch bei Personen- und Berufsbezeichnungen (Schüler, Lehrer, Teamkapitän usw.) ausschließlich die männliche Form genannt. Gemeint sind selbstverständlich immer Menschen beiderlei Geschlechts.

1 Erlebnispädagogik im Rahmen der Grundschule

1.1 Raum und Zeit im Schulalltag

So mancher Lehrer sowie viele Fachkräfte im Ganztag werden sich nun fragen: „Wie um Himmels willen soll ich auch noch erlebnispädagogische Stunden in meinen Arbeitsalltag integrieren?“. An einem üblichen Schulvormittag reihen sich die klassischen Schulfächer im 45-Minuten-Takt aneinander. Der Lehrplan lässt kaum Lücken für „Experimente“. Und auch am Schulnachmittag sieht es auf den ersten Blick nicht besser aus. Nach Unterrichtsende wartet als Erstes das Mittagessen, gefolgt von einer kurzen Erholungsphase in Form von Freispielzeit. Im Anschluss folgen die Hausaufgaben, die, trotz ständiger Diskussion über ihre Wirksamkeit, immer noch Bestandteil von Schule sind. Und zu guter Letzt folgen noch die Kursangebote, für deren Inanspruchnahme nicht selten eher die Wünsche der Eltern ausschlaggebend sind, als dass sie aus der Motivation der Kinder heraus besucht werden. Kurz gesagt: Es scheint also quasi unmöglich, noch Raum und Zeit für erlebnispädagogische Angebote zu schaffen. Doch wo ein Wille ist, ist auch ein Weg! Und es wird sich lohnen, so viel kann ich an dieser Stelle bereits versprechen.

In den nachfolgenden Abschnitten wird beispielhaft anhand der Schulgesetze und Lehrpläne einzelner Bundesländer aufgezeigt, welche Begründungen und Ansätze für die Etablierung von Erlebnispädagogik sich aus den einschlägigen gesetzlichen Regelungen in Deutschland ableiten lassen. Ganz ähnliche Beispiele finden sich auch in den Schulgesetzen und Lehrplänen der übrigen Bundesländer sowie Österreichs und der Schweiz.

Das Schulgesetz

Im Schulgesetz für das Land Nordrhein-Westfalen heißt es: „[...] Bereitschaft zum sozialen Handeln zu wecken, ist vornehmstes Ziel der Erziehung“ (§ 2 Abs. 2 SchulG). Das Schulgesetz für das Bundesland Bremen fordert, dass Schülerinnen und Schüler lernen sollen, „[...] eigene Verhaltensweisen einschätzen und verändern zu können und gegebenenfalls Hilfe anzunehmen; das als richtig und notwendig erkannte zu tun;

[…] eigenständig wie auch gemeinsam Leistungen zu erbringen“ (§ 5 Abs. 3 Nr. 5, 6, 10 BremSchulG).

Solche oder ähnliche Aufträge an die Schule – Befähigung zum sozialen Handeln, Förderung der Persönlichkeitsentfaltung, Befähigung zu selbstständigen Entscheidungen sowie zum selbstständigen Handeln und die Entwicklung eines Verantwortungsbewusstseins für das Gemeinwohl – sind in vielen Schulgesetzen zu finden. Und genau an diesen Aspekten setzt die Erlebnispädagogik mit ihren verschiedenen Erfahrungsinhalten an. Somit bieten die Schulgesetze eine optimale Argumentationsgrundlage für die Installation erlebnispädagogischer Angebote im Schulalltag.

Der Lehrplan

Schaut man sich als Beispiel den Rahmenlehrplan für das Fach Sachunterricht in der Grundschule für die Bundesländer Berlin und Brandenburg einmal genauer an, so findet man schnell heraus, dass es durchaus im Sinne des Lehrplans für Grundschulen ist, Unterrichtszeit für erlebnispädagogische Lerninhalte zur Verfügung zu stellen. Dort heißt es im Kapitel 2 „Kompetenzen und Standards“ unter dem Punkt 2.4 „Handeln“, dass die Schüler die Fähigkeit erlernen sollen, Aufgaben und Verabredungen eigenverantwortlich und zuverlässig auszuführen bzw. einzuhalten (MBJS et al. 2015). Weiter sollen sich die Schüler laut diesem Lehrplan „[…] an demokratischen Entscheidungen beteiligen, über ihre Stärken und Schwächen nachdenken und das eigene Lern- und Arbeitsverhalten kritisch reflektieren und Konsequenzen benennen (MBJS et al. 2015, 19).

Natürlich finden diese Themen auch ohne erlebnispädagogische Angebote ihren Platz im Grundschulalltag. Doch der ohnehin schon knapp bemessene Zeitrahmen des gesamten Lehrplans sowie die teilweise fehlenden Lehrerkontingente lassen dies nur punktuell oder zu konkreten Anlässen zu. Will der Lehrer also seiner sich aus dem Lehrplan ergebenden Aufgabe gerecht werden, benötigt er ein fest verankertes Zeitkontingent im Stundenplan seiner Klasse, welches er dann mit erlebnispädagogischen Inhalten gestalten kann.

Die Schulleitung – Teil 1

„Die Schulleiterinnen und Schulleiter sind für die Durchführung der Erziehungs- und Unterrichtsarbeit im Rahmen des Bildungsauftrages der Schule […] verantwortlich“, so heißt es im Schulgesetz für das Land Rheinland-Pfalz (§ 26 Abs. 1 SchulG RLP). Somit muss die Schulleitung dafür Sorge tragen, dass die im Lehrplan verankerten Lerninhalte umgesetzt und die sich daraus ergebenden Lern- und Kompetenzziele erreicht werden. Genau durch diesen Leitungsauftrag kann die Schulleitung, in Absprache mit ihrem Lehrerkollegium, ein gewisses Stundenkontingent zur Verfügung stellen, in dessen Umfang der Lehrer seinen Unterricht erlebnispädagogisch gestalten kann.

Der Sachunterricht

Wie bereits im Kapitel „Der Lehrplan“ angedeutet, bietet sich für eine Förderung der Schüler im Bereich Team- und Kooperationsfähigkeit im Schulvormittag der Sachunterricht an. Solche Angebote könnten als Thema im Schulvormittag ihren Platz finden. Ideal wäre es jedoch, entsprechende erlebnispädagogische Aktionen in einer gewissen Regelmäßigkeit, über das gesamte Schuljahr bzw. idealerweise über die gesamten vier Grundschuljahre in den Schulvormittag zu integrieren. Dies kann bereits in Form eines monatlich stattfindenden Angebots erfolgen. Vielleicht ergibt sich aber auch die Möglichkeit, erlebnispädagogische Einheiten mit dem Ziel der Förderung von Team- und Kooperationsfähigkeit in einem zweiwöchigen Rhythmus oder sogar einmal wöchentlich anzubieten.

Egal, für welche Häufigkeit man sich zunächst entscheidet, fest steht: Je häufiger solche Aktionen, wie sie in diesem Praxisbuch aufgeführt sind, in den Unterricht integriert werden, desto nachhaltiger wird der Erfolg für die Klasse am Ende des angesetzten Zeitraums sein.

Die Projektwoche

Projektwochen bieten die Möglichkeit, Schüler „[...] durch innovative Methoden aus der Reserve zu locken, sie zu Handlungs- und Verantwortungsbereitschaft und zum selbstständigen Lernen anzuleiten und ihre Teamfähigkeit, soziale Kompetenz und Selbstkompetenz zu stärken“ (Kley 2015, o.S.).

Neben beliebten Themen wie beispielsweise gesunde Ernährung, Umwelt oder Bewegung können in Projektwochen auch team- und kooperationsfördernde Lerninhalte angeboten werden. Zu Beginn solcher Wochen bietet es sich bei jüngeren Jahrgängen in der Grundschule an, die Thematik im Klassenverband zu besprechen und erste Kooperationsaufgaben durchzuführen. Der gewohnte Klassenverband bietet den Schülern Sicherheit und Vertrauen, um sich zu öffnen und auf das Neue einzulassen.

Bei älteren Jahrgängen oder nach den ersten erfolgreich absolvierten Projekttagen kann man auch dazu übergehen, mit Parallelklassen zu kooperieren oder altersgemischte Gruppen zu bilden, in denen sowohl die jüngeren Schüler von den älteren lernen als auch die älteren Schüler auf die jüngeren Rücksicht nehmen müssen. Zum Abschluss einer solchen Woche kann die Schule für die Familien der Schüler und interessierte Besucher geöffnet werden und präsentieren, was die Schüler in der vergangenen Woche an neuen Sozialkompetenzen erlernt haben. Dies kann durch kurze Vorträge, vorgeführte Aktionen oder auch durch von den Schülern angeleitete Team- und Kooperationsaufgaben, die dann von den Besuchern gelöst werden müssen, geschehen.

Klassenfahrten

Klassenfahrten „[...] sind wichtige Elemente des Bildungs- und Erziehungsauftrags der Schulen" (HKM 2009, Vorbemerkung). Viele Schulen der Sekundarstufe setzen Klassenfahrten zu Beginn eines Schuljahres bzw. beim Wechsel von der Primar- in die Sekundarstufe an, um durch gemeinsam verbrachte Zeit und durch gemeinsame Erlebnisse das Zusammengehörigkeitsgefühl einer Klasse zu stärken. Dies ist aufgrund des Alters bei Grundschülern, zumindest mit Eintritt in die Schullaufbahn in Klasse 1, eher problematisch. Häufig werden erst ab Klasse 3 Klassenfahrten unternommen, da der Lehrer dann seine Klasse bereits gut kennt und bei den Schülern das Thema Heimweh nicht mehr ganz so akut ist.

Doch egal, in welchem Alter die Schüler sind, Klassenfahrten bieten eine sehr gute Möglichkeit, erlebnispädagogisch an der Team- und Kooperationsbereitschaft der Schüler zu arbeiten. Sehr engagierte Lehrer und Pädagogen planen und organisieren ihre Klassenfahrt eigenständig. Es gibt jedoch auch zahlreiche erlebnispädagogische Anbieter für Klassenfahrten auf dem Markt, die mit Jugendherbergen oder Gruppenhäusern kooperieren und mit geschultem Personal die Programmgestaltung der gebuchten Tage übernehmen. Das Internet bietet dabei eine gute Möglichkeit, die Vielzahl der Programme und Anbieter zu vergleichen.

1.2 Der Ganztag als Chance

Welche Möglichkeiten für die Umsetzung erlebnispädagogischer Angebote das Konzept der Ganztagsschule bietet, soll hier am Beispiel Nordrhein-Westfalens aufgezeigt werden. Dort existiert bereits seit dem Jahr 2003 die offene Ganztagsschule im Primarbereich. Die Vereinbarkeit von Familie und Beruf sowie mehr Chancengleichheit und Bildungsqualität für die Kinder sind die obersten Anliegen, welche die Landesregierung mit deren Einführung verfolgt (MSJK 2004, 4).

Viele Schulträger haben die Organisation und Durchführung dieses außerunterrichtlichen Angebots an Träger der freien Jugendhilfe abgegeben. Diese entwickeln Konzepte, um das Angebot vor Ort an die Bedürfnisse des jeweiligen Standorts anzupassen. Die dadurch entstandene Vielfalt an individuellen und innovativen Konzepten hat dazu geführt, dass viele Standorte Möglichkeiten entwickelt haben, erlebnispädagogische Angebote zum Zweck der individuellen und ganzheitlichen Bildung von Kindern, der Entwicklung ihrer Persönlichkeit sowie dem Erwerb von Selbst- und Sozialkompetenzen in den Schultag zu integrieren (MSW NRW 2010).

Kursangebote

Der Erlass für gebundene und offene Ganztagsschulen in Nordrhein-Westfalen sieht u.a. vor, dass den Schülern „[...] zusätzliche Zugänge zum Lernen und Arbeitsgemeinschaften [...] sowie sozialpädagogische Angebote, insbesondere im Rahmen von Projekten der Kinder- und Jugendhilfe (zum Beispiel interkulturelle, geschlechtsspezifische, ökologische, partizipative, freizeitorientierte und offene Angebote)“ ermöglicht werden (MSW NRW 2010, 3.1).

Da erlebnispädagogische Angebote auf genau diese Bildungsaspekte abzielen, finden diese zunehmend ihren Platz im Schulnachmittag. Als Beispiele lassen sich u.a. Angebote zu folgenden Zielen aufführen:

- Stärkung der Gruppen-/Klassengemeinschaft
- Entwicklung eines „Wir-Gefühls“
- Förderung der Kooperationsfähigkeit
- interkulturelle Lernprozesse
- Rücksichtnahme und Hilfsbereitschaft
- Schaffung eines Natur- und Umweltbewusstseins

Die Möglichkeiten sind nahezu unendlich, und somit kann für jeden Standort ein passendes Angebot gefunden werden. Dabei spielt es keine Rolle, ob das Angebot durch einen externen Anbieter eingekauft wird oder ob die Fachkräfte selbst aktiv werden. Wichtig ist die Bereitschaft der anleitenden Person, ein klares Ziel zu setzen, Rückschläge in Kauf nehmen zu können und sich auf eine erlebnisreiche Zeit einlassen zu können. Aus meiner Erfahrung heraus kann ich jeden nur ermutigen, diesen Schritt zu wagen.

Ferienprogramme

In der Regel bieten offene Ganztagsgrundschulen in Nordrhein-Westfalen während der Schulferien Betreuungsangebote für ihre Schüler an, deren Eltern sich für diesen Zeitraum nicht frei nehmen können und keine Möglichkeit haben, ihre Kinder bei Verwandten oder Freunden tagsüber betreuen zu lassen. In diesen Zeiten können die Schüler ihre Schule einmal ganz ohne Lerndruck erleben. Oft werden Räume vorübergehend umfunktioniert und umgestaltet, und die Schüler erhalten die Möglichkeit, zwischen Angeboten und Freispiel zu wählen. Auch Lerninhalte lassen sich kindgerecht in attraktive Programme verpacken. Neben Themen wie Natur, Geschichte oder Wissenschaft bietet es sich an, erlebnispädagogische Aktionen zur Förderung von Team- und Kooperationsfähigkeit spielerisch in Ferienprogramme einzubinden.

Besonders interessant wird es für die Schüler, wenn solche Lerninhalte als Abenteuerprogramme angeboten werden. Thematisch bieten sich hierfür Themen wie beispielsweise Ritter, Indianer, Steinzeit oder Piraten an. Mit ein wenig Kreativität lassen sich die meisten Aktionen wunderbar an das gewählte Motto anpassen. So entsteht mit verhältnismäßig wenig Aufwand ein spannendes und abwechslungsreiches Programm, das den Schülern viel Spaß bereiten wird und sie ganz nebenbei auch an der Erweiterung ihrer sozialen Kompetenzen arbeiten lässt. In den Sommerferien beispielsweise lassen sich Programme über einen Zeitraum von einer bis drei Wochen problemlos mit erlebnispädagogischen Aktionen zur Förderung von Team- und Kooperationsfähigkeit gestalten.

Die in den Ferienzeiten vorherrschende Jahrgangsmischung birgt zusätzliche Möglichkeiten für alle Beteiligten. Ältere Schüler treten als Helfer und Unterstützer gegenüber ihren jüngeren Mitschülern auf. Sie erleben sich als Vorbilder für die „Kleinen", können sowohl ihr Wissen als auch ihre bisher gelernten sozialen Kompetenzen anwenden und sich als wirkende Akteure erleben. Die jüngeren Schüler erhalten aufgrund dieser Unterstützung die Gelegenheit, Hemmungen und Ängste zu überwinden, und haben aufgrund der Anwesenheit ihrer älteren Vorbilder die Chance, über sich hinauszuwachsen und ihr Selbstbewusstsein zu stärken.

1.3 Effekte erlebnispädagogischer Angebote auf das soziale Klima

Die Förderung des Gemeinschaftsgefühls in Gruppen ist ein großes Ziel von erlebnispädagogischen Methoden (Heckmair/Michl 2018, 109). Dieses Ziel ist der entscheidende Aspekt für den Einsatz solcher Angebote im Rahmen der Grundschule. Durch ein regelmäßig platziertes erlebnispädagogisches Angebot im Schulalltag wachsen die einzelnen Schüler zu einer Einheit zusammen, mit der sie sich identifizieren können. Dabei kann ein Wir-Gefühl entstehen, das von Zusammenhalt, Wertschätzung und Vertrauen geprägt ist. Besonders zu Beginn der Grundschulzeit können solche Angebote innerhalb weniger Wochen aus fremden Schülern eine kleine Gemeinschaft entstehen lassen.

Während der aktiven Auseinandersetzung mit den künstlich herbeigeführten Problemstellungen lernen die Schüler sowohl ihre eigenen als auch die Stärken und Schwächen ihrer Mitschüler kennen und erfahren, dass sie als Einheit mehr erreichen können als jeder für sich alleine. Der Zusammenhalt in Klassen, die gemeinsam an erlebnispädagogischen Aufgabenstellungen arbeiten, wird, je länger der Angebotszeitraum ist, kontinuierlich stärker. Die Schüler lernen, sich gegenseitig zu vertrauen, und erkennen, dass man sich auf seine Mitschüler verlassen kann, wenn es darauf ankommt.

Schule ist in solchen Klassen nicht mehr nur ein Lernort. Vielmehr wird Schule für diese Schüler zum Erlebnis, und die Klasse wird zum geschützten Raum, in dem man sich zum Wohl aller einbringen oder auch einmal fallen lassen kann. „Einer für alle und alle für einen" bringt wohl am treffendsten auf den Punkt, wie Schüler, die regelmäßig erlebnispädagogisch arbeiten, ihre Klasse und ihre Grundschulzeit erleben.

1.4 Von der Idee zum Angebot – Überlegungen, Risiken und Haftung

Wenn motivierte Fachkräfte im Rahmen von Schule neue Elemente etablieren wollen, tauchen im Vorfeld die verschiedensten Fragen und Unsicherheiten auf, die es zu klären und zu beseitigen gilt. Im Bezug auf erlebnispädagogische Angebote stellt sich unmittelbar die Frage nach den Risiken, die solche Angebote möglicherweise beinhalten, sowie die Frage der Haftung für den Fall, dass einer der Beteiligten während einer Aktion körperlichen Schaden erleidet. Bei der Planung von erlebnispädagogischen

Angeboten sollte daher im Vorfeld die Vorgehensweise sorgfältig durchdacht werden.

Die Schulleitung – Teil 2

Da wäre zunächst die Schulleitung, deren Zustimmung für die Platzierung des Angebotes unumgänglich ist, da sie die „[...] Gesamtverantwortung für die Unterrichts- und Erziehungsarbeit an der Schule [...]" trägt (MBJS 2007, 6). Es ist vorstellbar, dass in einzelnen Fällen von Seiten der Lehr- oder Fachkraft einiges an Überzeugungsarbeit geleistet werden muss, bevor das Angebot im Schultag platziert werden kann. Dies ist besonders dann der Fall, wenn solche Angebote nicht in das pädagogische Programm der Schule passen. Um der Schulleitung die Lernprozesse von solchen Angeboten zu verdeutlichen, bietet es sich an, mit einer erlebnispädagogischen Einheit zu demonstrieren, welche Lerninhalte dabei wie vermittelt werden. Es geht also darum, die Lerninhalte für die Schulleitung erfahrbar zu machen. Auch Referenzen von anderen Schulen, die bereits Erfahrung mit erlebnispädagogischen Angeboten haben, können bei der Überzeugungsarbeit hilfreich sein.

Die Eltern mit ins Boot holen

Ist die Zustimmung der Schulleitung eingeholt, sollten im nächsten Schritt die Eltern über das geplante Angebot informiert werden. Hierfür eignen sich zum Beispiel Elternabende zu Beginn eines neuen Schuljahres. Bevor mit der erlebnispädagogischen Arbeit begonnen wird, ist es wichtig, die Eltern ausreichend über die Methode und die damit verbundenen Lerninhalte zu informieren. Dabei auftretende Fragen und Unsicherheiten können in einem direkten Austausch geklärt werden. Somit wird die Basis für eine erfolgversprechende Durchführung der Angebote gewährleistet und der Weg für die praktische Arbeit mit den Kindern geebnet.

Verletzungsrisiken minimieren

Jetzt kann die erlebnispädagogische Arbeit mit den Schülern beginnen. Doch bereits bei der Suche nach geeigneten Aktionen für die Gruppe, mit der die Lehr-/Fachkraft diese Angebote an der Schule etablieren möchte, treten erste Fragen und Zweifel auf: Ist die Aktion zu gefährlich? Können sich die Schüler möglicherweise während der Durchführung verletzen? Wo auf dem Schulgelände kann die Aktion stattfinden? Diese Fragen sind gut und wichtig, denn durch sie hinterfragt die Lehr-/Fachkraft ihr Vorhaben und reduziert damit ein mögliches Verletzungsrisiko bereits während der Planung.

Es ist absolut notwendig, im Vorfeld geeignete Räume und Spielstätten für die einzelnen Angebote ausfindig zu machen und diese hinsichtlich möglicher Gefahrenquellen zu begutachten. Treppenstufen, Baumwurzeln, Tische etc. stellen potenzielle Verletzungsquellen dar, die eine Durchführung an dem angedachten Ort erschweren oder aber unmöglich machen. Einige Aktionen erfordern es, dass die Schüler stark in Bewegung geraten oder von ihren Mitschülern vertrauensvoll geführt werden müssen. Dann können Treppenstufen oder auf dem Schulhof installierte Spielgeräte zur Gefahr werden. Der Spielort muss also so gewählt werden, dass er sowohl den Anforderungen der erlebnispädagogischen Aktion als auch dem Leistungs- und Erfahrungsstand der Klasse gerecht wird.

Während die Schüler an einer erlebnispädagogischen Aufgabenstellung arbeiten, muss die Spielleitung darauf achten, dass geplante Vorgehensweisen keine Gefahrensituationen hervorrufen können bzw. dass während der aktiven Durchführung das Handeln der Schüler kein unnötiges Verletzungsrisiko beinhaltet. Die Spielleitung muss jederzeit bereit sein, in brenzligen Situation eingreifen zu können. Dies erfordert eine zurückhaltende Aufmerksamkeit seitens der Lehr-/Fachkraft, da sie einerseits die Klasse ihren individuellen Lösungsweg finden lassen muss, andererseits aber die Schüler keinem unnötigen Verletzungsrisiko aussetzen sollte.

Bei einzelnen in diesem Buch vorgestellten Aktionen werden Aufbauten in der Turnhalle beschrieben, die auf den ersten Blick ein gewisses Verletzungspotenzial mit sich bringen können. Bei diesen Angeboten muss darauf geachtet werden, dass der Aufbau bspw. durch Turnmatten abgesichert wird. Hierbei kann man sich an der Vorgehensweise im Sportunterricht orientieren. Dort werden bei Übungen wie Sprung über einen Kasten oder Schwingen an Tauen Turnmatten als Sturzsicherung ausgelegt. Die Lehr-/Fachkraft muss sich also bei solchen Angeboten immer wieder die Frage stellen, wie das Verletzungsrisiko so gering wie möglich gehalten werden kann und ob die geplanten Sicherheitsmaßnahmen für die Klasse, mit der als Nächstes erlebnispädagogisch gearbeitet werden soll, ausreichend sind.

Und wenn doch etwas passiert?

Jedes erlebnispädagogische Angebot im Rahmen der Grundschule kann noch so gründlich vorbereitet und durchdacht sein, ein Restrisiko für mögliche Verletzungen bleibt immer bestehen. Jedoch ist dieses bei gewissenhafter Vorgehensweise nicht größer als das Risiko, dass sich Schüler während Freispielphasen in Pausen oder am Schulnachmittag verletzen. Sollte der Fall der Verletzung eines Schülers während einer erlebnispädagogischen Aktion eintreten, so ist der Schüler über die gesetzliche Unfallversicherung abgesichert.

Laut einer Broschüre des Bundesministeriums für Arbeit und Soziales sind Schüler allgemeinbildender Schulen grundsätzlich während des Unterrichts und der Pausen versichert (BMAS 2022). Ebenso sind sie während der Teilnahme an Betreuungsmaßnahmen, die vor oder nach dem Unterricht stattfinden und im Zusammenwirken mit der Schule durchgeführt werden, versichert. Kurz gesagt bedeutet dies, dass die Schüler während erlebnispädagogischer Aktionen, die im Rahmen der Grundschule und in Absprache mit der Schulleitung angeboten werden, grundsätzlich versichert sind. Dabei spielt es keine Rolle, ob diese während einer Unterrichtsstunde am Vormittag oder während eines Kursangebotes oder Ähnlichem am Schulnachmittag stattfinden.

Gleiches gilt für die erlebnispädagogische Arbeit in den Bundesländern der Republik Österreich. Dort greift im Falle eines Unfalls im Rahmen der allgemeinbildenden Pflichtschulen die Allgemeine Unfallversicherungsanstalt (AUVA) ein. Der Versicherungsschutz erstreckt sich über „[…] Unfälle, die mit der Ausbildung in einem ursächlichen Zusammenhang stehen (z. B. bei der Teilnahme an Unterrichtsveranstaltungen, […] Sport- und Projektwochen, schulbezogenen Veranstaltungen […]" (AUVA 2023, 2).

Für die Schweiz sieht der Gesetzgeber vor, dass Schüler im Falle von Unfällen, die im Rahmen der Schule entstehen, über die obligatorische Krankenversicherung (Grundversicherung) versichert sind. Ergänzend haben Familien in der Schweiz die Möglichkeit, ihre Kinder freiwillig über eine private Zusatzversicherung gegen Schulunfälle abzusichern (KVG, Stand 2024).

2 Anleitung zur Umsetzung der Aktionen

2.1 Die Rolle der Spielleitung

Bei der Umsetzung erlebnispädagogischer Aktionen zur Förderung von Team- und Kooperationsfähigkeit wird der Fachkraft die Rolle der Spielleitung zugewiesen. In dieser Funktion übernimmt die Fachkraft verschiedene Aufgaben, die für eine erfolgreiche Umsetzung eines solchen Angebotes unumgänglich sind.

Auswahl von Aktionen

Gleich zu Beginn der Vorbereitung von erlebnispädagogischen Aktionen zur Team- und Kooperationsförderung sieht sich die Spielleitung mit einer der wichtigsten Aufgaben konfrontiert: der Auswahl einer geeigneten Aktion. Hierbei stellt sich vor allem die Frage, was die Klasse, mit der das Angebot durchgeführt werden soll, zu leisten im Stande ist. Zu berücksichtigen sind zum einen die Jahrgangsstufe und zum anderen die Vorerfahrungen der Klasse. Gerade bei Schülern der Klassen 1 und 2 dürfen die Anforderungen noch nicht zu hoch gesteckt werden, da ansonsten die Gefahr besteht, dass aufkommende Frustration bei Rückschlägen den Gesamtprozess negativ belastet und Lernerfolge zu kurz kommen. Außerdem sollten die Aufgaben nach Möglichkeit viele Schüler gleichzeitig in Aktion bringen, da ansonsten das Aufkommen von Langeweile droht und der angestrebte Gruppenprozess durch störendes Randgeschehen unnötig gefährdet wird.

Bei älteren Jahrgängen und bei bereits erfahrenen Klassen stellt sich vor allem die Frage, wie der Spielleiter die Klasse herausfordern und aus ihrer Komfortzone locken kann. Haben Klassen bereits über einen längeren Zeitraum an ihrer Fähigkeit zur Team- und Kooperationsfähigkeit gearbeitet, gehen sie die ihnen gestellten Aufgaben häufig mit einer „siegessicheren Gelassenheit“ an. Dies kann dazu führen, dass Schüler solche Aktionen als zu langweilig empfinden und das Interesse an einer zielorientierten Beteiligung verlieren. Daher sollten ab Jahrgangsstufe 3 möglichst unbekannte Aktionen angeboten werden, die die Klasse immer wieder aufs Neue herausfordern, bzw. solche Aktionen, die bei den Schülern sehr beliebt sind und von ihnen immer wieder eingefordert werden.

Vorbereitung der Aktion

Hat man sich für eine Aktion entschieden, muss überlegt werden, an welchem Ort diese stattfinden soll und kann. Viele in diesem Buch aufgeführte Aktionen eignen sich sowohl für das Außengelände von Schulen als auch für den Einsatz im Klassenzimmer oder weiteren Schulräumen wie beispielsweise Schulfluren, Aula oder Turnhalle. Da sich die örtlichen Bedingungen jedoch von Schule zu Schule sehr unterschiedlich darstellen, ist vorab genau zu prüfen, ob eine Umsetzung in der aufgeführten Form möglich ist.

Während des Schulvormittags ist zusätzlich darauf zu achten, dass der Unterrichtsverlauf der anderen Schulklassen nicht störend beeinträchtigt wird. Es empfiehlt sich, im Vorfeld das Lehrerkollegium zu informieren, wenn solche Aktionen innerhalb des Schulgebäudes durchgeführt werden sollen. Im nächsten Schritt muss das Material für die Durchführung bereitgelegt werden. Dabei ist darauf zu achten, ob dieses in ausreichender Menge vorhanden ist bzw. zeitnah organisiert werden kann. Ebenso muss überprüft werden, ob das Material funktionsfähig ist und den Anforderungen der Aktionen standhalten kann. Gerade bei Materialien wie Papprollen oder Kunststoffbehältern kann es nach mehrmaligem Einsatz zu Beschädigungen kommen, die eine weitere Nutzung nicht zulassen. Daher sollte idealerweise nach jedem Angebot geprüft werden, ob das Material sich in gutem Zustand befindet oder gegebenenfalls ausgetauscht werden muss.

Hinführung zur Aktion

Nun beginnt die praktische Arbeit mit der Klasse. Dieses Buch ist so aufgebaut, dass jedes Angebot mit einer kurzen Geschichte beginnt. Die Geschichte soll die Kinder aus ihrem gewohnten Lernumfeld abholen und auf das bevorstehende Klassenerlebnis einstimmen. Im Anschluss an die Geschichte folgt die Erklärung der Spielregeln für die folgende Aktion. Dabei ist darauf zu achten, dass diese möglichst verständlich für die entsprechende Jahrgangsstufe formuliert werden.

Abschließend muss vor dem Beginn der Aktion noch der Teamkapitän ausgewählt werden. Hierzu bieten sich verschiedene Auswahlsysteme an. Zum einen können sich Schüler freiwillig melden, um diese Funktion während der Durchführung zu übernehmen. Zum anderen kann man auch alphabetisch nach der Klassenliste einen Teamkapitän bestimmen oder die Klasse einen Teamkapitän für die bevorstehende Aktion bestimmen lassen.

Durchführung der Aktion

An diesem Punkt folgt nun der vermutlich schwierigste Part für die Spielleitung. Während die Klasse mit der praktischen Umsetzung der Aufgabenstellung beschäftigt ist, nimmt die Spielleitung eine Beobachterrolle ein und lässt dem Geschehen zunächst seinen Lauf. Ein Eingreifen wird nur dann notwendig, wenn die Klasse mit zu vielen Fehlversuchen konfrontiert wird und Frustration sich breit macht oder die Vorgehensweise der Klasse Risiken birgt, bei denen eine Verletzungsgefahr der Schüler zu erwarten ist. Ansonsten heißt es für die Spielleitung, sich zurückzuhalten und die Klasse ihren eigenen Weg finden zu lassen. Denn den einen richtigen Weg gibt es bei erlebnispädagogischen Angeboten nicht. Ganz nach dem alten Sprichwort: „Viele Wege führen nach Rom".

Anleitung der Reflexion

Jedes Angebot endet mit einer Reflexion der Ereignisse. Die Moderation übernimmt dann wieder die Spielleitung. Hierbei ist darauf zu achten, dass der Spielleiter seine gewonnenen Eindrücke in angemessener Form an die Klasse weitergibt. Von einem außenstehenden Beobachter werden die Ereignisse häufig anders wahrgenommen als von den Schülern, die aktiv am Geschehen beteiligt gewesen sind. Besonders jüngeren Schülern muss dieser von außen kommende Eindruck oft noch behutsam vermittelt werden, da sie noch nicht in der Lage sind, diesen als konstruktive Anmerkung anzunehmen. Das Vorgehen bei der Reflexion wird in Kap. 2.3 genauer beschrieben.

2.2 Der Teamkapitän

Während der in diesem Buch vorgestellten Aktionen zur Team- und Kooperationsförderung spielt der Teamkapitän eine wichtige Rolle. Er übernimmt, nachdem die Aufgabe der Klasse vorgestellt und die Spielregeln erklärt wurden, die Führung seiner Klasse. Dies bedeutet jedoch nicht, dass er zum „Bestimmer" über seine Klassenkameraden und deren Vorgehensweise bei der Lösungsfindung für die aktuelle Aufgabe wird. Vielmehr übernimmt er die Steuerung der Planungsphase seiner Klasse. Im Detail heißt das, dass er jedem seiner Mitschüler Gehör verschafft, der einen Beitrag zur Lösungsfindung leisten möchte, diese Ideen sammelt und abschließend zur Abstimmung bringt. Die Spielleitung steht in dieser Aktionsphase leicht hinter dem Teamkapitän und stärkt ihm durch ihre

Anwesenheit den Rücken. Die Gewissheit, dass die „Hilfe“ unmittelbar greifbar ist, vermittelt dem Teamkapitän Sicherheit, gibt ihm Ruhe und das notwendige Selbstvertrauen, um seine Aufgabe sicher durchführen zu können.

Nach erfolgter Abstimmung über die Vorgehensweise präsentiert der Teamkapitän den ausgewählten Lösungsweg dem Spielleiter, indem er die Vorgehensweise noch einmal verbal zusammenfasst. Anschließend entscheidet er, ob er gemeinsam mit seinen Klassenkameraden an der Aktion teilnimmt, also Teil der praktischen Umsetzung wird, oder ob er die Aktion unterstützend begleitet. In diesem Fall steht er mit Rat und Tat außerhalb des Geschehens seiner Klasse zur Seite, beobachtet die Ereignisse und greift bei Bedarf mit Hilfestellungen in die Ereignisse ein. Zusätzlich kann der Teamkapitän seine Klasse motivierend unterstützen, wenn er diese auf einem erfolgversprechenden Weg sieht oder wenn die Stimmung während der Aktion aufgrund von Rückschlägen zu kippen droht.

Nach Beendigung der Aktion kann der Teamkapitän, wenn er seine Klasse bei der Durchführung vom Rand des Geschehens aus beobachtet hat, eine Rückmeldung geben, an welchen Stellen er Stärken der Klasse erleben konnte und wo vielleicht noch Steigerungspotenzial besteht.

Auf diese Weise können die Schüler in der Rolle des Teamkapitäns wertvolle Erfahrungen sammeln, die sie für ihre weitere Schullaufbahn stärken und die sie persönlich nutzen können. Die Schüler lernen, vor einer ihnen vertrauten Gruppe selbstbewusst aufzutreten und diese zielführend zu begleiten. Sie lernen, Stärke auszustrahlen, Durchsetzungsvermögen zu zeigen und dabei den Erwartungen ihrer Klasse gerecht zu werden. Dabei kann jeder einzelne junge Charakter seine bisher erworbenen Kompetenzen in einem geschützten Rahmen wirksam einsetzen und sich selbst als steuernder und wirkender Akteur erleben. Eine Erfahrung, die für eine gesunde Persönlichkeitsentwicklung förderlich sein kann.

2.3 Der Ablauf der Aktionen

Um die in diesem Buch beschriebenen erlebnispädagogischen Aktionen im Schulalltag erfolgreich einsetzen zu können, ist es sinnvoll, eine konsequente Vorgehensweise einzuhalten. Je konstanter die Aktionsstruktur umgesetzt wird, desto sicherer werden die Schüler während des Angebots ihre erlernten Kompetenzen abrufen, festigen und erweitern können. Der Ablauf der Aktionen sieht wie folgt aus:

- Einstimmungsphase
- Erklärungsphase

- Planungsphase
- Präsentationsphase
- Aktionsphase
- Reflexionsphase
- Abschlussphase

Einstimmungsphase

Die Einstimmungsphase dient in erster Linie zur „Abholung" der Schüler aus der klassischen Unterrichts- bzw. Ganztagsstruktur. Je nachdem, wie weit der Tag fortgeschritten ist, haben Schüler bereits mehrere Stunden in ihrer Schule verbracht, kognitiv einiges geleistet und sich im sozialen Miteinander behauptet. Daraus resultiert nur allzu oft, dass sich im Laufe des Tages eine gewisse Trägheit unter den Schülern verbreitet, die für eine erfolgreiche Umsetzung erlebnispädagogischer Angebote durchbrochen werden muss. Um dies zu erreichen, werden die in diesem Buch vorgestellten Aktionen durch den Einsatz von kurzen phantasie- und humorvollen oder informativen Geschichten eingeleitet.

Kinder haben eine blühende Fantasie. Beim Anhören von Geschichten werden bei Kindern innere Bilder erzeugt, die sie mit auf Reisen nehmen und ihren Alltag für einen Moment vergessen lassen (BZgA 2024). Besonders wirksam sind Geschichten dann, wenn sie an die Lebenswelt der Kinder anknüpfen und sich diese mit Situationen oder Protagonisten identifizieren können (Giermaier 2024). Im Rahmen der Grundschule sind Geschichten daher eine leicht umsetzbare Methode, um Schülern den Wechsel von klassischem Unterricht hin zu aktiven Gruppenerlebnissen zu erleichtern. Aber auch im Schulnachmittag, nach einer längeren Pause, können Geschichten die Schüler leichter in die Klassen-/Gruppensituation zurückführen und ihnen den Einstieg in die folgenden Ereignisse erleichtern.

Durch diese Art des Einstiegs, der sich von Angebot zu Angebot wiederholt, erhalten die Geschichten Ritualcharakter, der den Schülern Vertrautheit vermittelt und sie erkennen lässt, was als Nächstes auf sie zukommt. Der Einsatz von Geschichten vermittelt den Schülern das Gefühl, sich in einem geschützten Rahmen zu bewegen, in dem sie sich ausprobieren können, und nimmt ihnen somit die Angst, dass sich Misserfolge auf andere Bereiche des Schulalltags auswirken.

Die in diesem Buch vorgestellten Geschichten dürfen gerne in der vorgegebenen Version genutzt werden, sollen jedoch auch dazu anregen, neue Geschichten für die individuelle Praxis und die eigene Gruppe zu entwickeln. Zeitlich sollte die Einstimmungsphase nicht mehr als fünf Minuten in Anspruch nehmen.

Erklärungsphase

Sind die Schüler mithilfe einer Geschichte auf die nachfolgende Aktion eingestimmt worden, folgt anschließend die Erklärungsphase, in der sie mit den Aktionsregeln konfrontiert werden. Diese Regeln stellen den Rahmen dar, in dem sich die Schüler ideenreich ausprobieren dürfen. Je enger der Rahmen gesteckt wird, desto klarer wird ihnen der Lösungsweg vorgegeben. Dies kann besonders zu Beginn der erlebnispädagogischen Arbeit mit Schulklassen sinnvoll sein, in der man als Spielleitung seine Klasse und ihre bereits vorhandenen Fähigkeiten noch kennenlernen muss.

Auch bei Klassen der Jahrgangsstufen 1 und 2 kann es durchaus von Vorteil sein, den kreativen Ideenfreiraum eng zu stecken, um die Schüler Schritt für Schritt an Teamaufgaben heranzuführen und ihnen möglichst viele Erfolgserlebnisse zu ermöglichen. Ebenso hilfreich kann es sein, bei den jüngeren Jahrgängen Rückfragen zu den gegebenen Aktionsregeln zuzulassen. Während Schüler ab der Jahrgangsstufe 3 in der Lage sein sollten, gestellte Regeln zu verstehen und die sich daraus ergebenden Grenzen zu erkennen, verfügen jüngere Schüler oft noch nicht über diese Kompetenzen. Sie benötigen für ihre persönliche emotionale Absicherung sowie für das Erlernen von selbstbewusstem Handeln noch mehr Unterstützung seitens der Spielleitung.

Grundsätzlich gilt für den Spielleiter in der Erklärungsphase, dass er die Regeln klar, deutlich und altersgerecht formulieren sollte. Denn nur dann ist der Einstieg in eine erfolgreiche erlebnispädagogische Einheit gegeben, die den weiteren Verlauf der anschließenden Aktionsphasen in der geplanten Art und Weise ermöglicht. Auch für die Erklärungsphase sollten maximal fünf Minuten angesetzt werden.

Planungsphase

Nun ist es soweit: Die Schüler greifen aktiv in den Aktionsverlauf ein. Während der Planungsphase geht es darum, dass die Schüler gemeinsam eine Vorgehensweise erarbeiten, um die ihnen gestellte Aufgabe als Team lösen zu können. Jeder Schüler soll die Möglichkeit erhalten, sowohl seine eigenen Ideen als auch seine Anmerkungen zu Vorschlägen seiner Mitschüler anbringen zu können. Hier kommt auch der Teamkapitän (Kap. 2.2) erstmalig zum Einsatz, der die einzelnen Vorschläge entgegennimmt (Abb. 1).

In dieser Phase des gemeinsamen Austauschs wird genau der Prozess in Gang gesetzt, der durch erlebnispädagogische Angebote angestrebt wird: Die Schüler erleben sich als Gemeinschaft, in der jeder Einzelne von ihnen gleichberechtigt seine Vorstellungen mitteilen kann und als aktives Mitglied der Gruppe wahrgenommen wird. Gleichzeitig machen sie die Erfahrung, dass die persönliche Vorstellung einer Lösungsstrategie „nur" eine von vielen Möglichkeiten darstellt und dass Vorschläge von Mitschülern als erfolgversprechender empfunden werden können. Nicht selten kommt es dann dazu, dass Schüler ihren Vorschlag zurückziehen oder aber Vorschläge mehrerer Schüler zu einer gemeinsamen Strategie kombiniert werden.

Sind alle Vorschläge gehört worden, endet die Planungsphase mit der Abstimmung über die endgültige Vorgehensweise der Klasse. Jeder Schüler hat hierbei die Möglichkeit, sich für einen der vorgetragenen Vorschläge zu entscheiden und somit die endgültige Strategie mitzubestimmen. Hier kommt das Prinzip der Mehrheitsentscheidung zum Tragen, welches den Schülern in der Regel bereits bekannt ist.

Wie auch immer sich der Verlauf dieser Phase gestaltet – grundsätzlich setzt diese den Lernprozess der Schüler in Gang und bestimmt den weiteren Verlauf der Aktionen. Für die Planungsphase wird den Schülern ein Zeitkontingent von zehn Minuten zur Verfügung gestellt.

Abb. 1: Der Teamkapitän sammelt die Ideen seiner Mitschüler innerhalb der Planungsphase.

Präsentationsphase

Hat die Klasse sich auf eine Vorgehensweise geeinigt, wird diese im Anschluss durch den Teamkapitän der Spielleitung präsentiert. Die Spielleitung hat den Planungsprozess zwar beobachtet, sich jedoch zu keinem Zeitpunkt in das Geschehen eingebracht. Daher dient die Präsentationsphase zum einen der Absicherung in Bezug auf das Verständnis der beschlossenen Vorgehensweise und zum anderen der Absicherung vor möglichen Verletzungsgefahren für die Schüler.

Erkennt die Spielleitung zu diesem Zeitpunkt mögliche Verletzungsrisiken, weist sie die Schüler darauf hin bzw. fordert sie auf, die Vorgehensweise bezüglich einzelner Aspekte noch einmal zu überdenken. Wenn ein solcher Einwand an dieser Stelle notwendig wird, wechselt die Klasse erneut in die Planungsphase und überdenkt ihre Lösungsstrategie. Ist eine Alternative gefunden, wird diese der Spielleitung präsentiert und kann dann im Anschluss in der Aktionsphase angewendet werden. Das Präsentieren der Lösungsstrategie wird in der Regel nicht mehr als zwei Minuten in Anspruch nehmen.

Aktionsphase

In der nun folgenden Aktionsphase wird die Klasse aktiv an der Umsetzung ihrer in der Planungsphase entwickelten Lösungsstrategie arbeiten. Die Schüler werden während dieser Phase erkennen, wie praktikabel die von ihnen ausgewählte Lösungsstrategie für eine erfolgreiche Bewältigung der Aufgabenstellung ist. Dabei wird es darauf ankommen, dass sich jeder einzelne Schüler im Rahmen seiner Fähigkeiten in den Dienst seiner Klasse stellt und seine Stärken zielführend einbringt.

Die Schüler erleben sich als aktive Gruppenmitglieder, die mit ihrem Handeln Dinge bewirken und beeinflussen können. Dabei werden sie auch erkennen, dass jeder von ihnen über Stärken und Talente verfügt, die der Klasse für das Erreichen des Ziels von Nutzen sein werden. Aber auch die Erfahrung, sich in Zurückhaltung üben zu müssen, werden die Schüler durch die erlebnispädagogischen Aktionen machen. Sie werden ihre eigenen Stärken und Schwächen kennenlernen und erkennen, dass jedes Teammitglied seinen berechtigten Stellenwert in der Gruppe hat.

Besonders zu Beginn der erlebnispädagogischen Arbeit mit einer Klasse sowie mit sehr jungen Jahrgängen fällt es vielen Schülern schwer, sich unterzuordnen und den Klassenkameraden in einzelnen Situationen den Vorrang zu lassen. Dieses Verhalten wird sich, je länger und konsequenter mit einer Klasse erlebnispädagogisch gearbeitet wird, immer mehr hin zum gemeinsamen Handeln wandeln. Hier ist unter Umständen vonseiten der Spielleitung Geduld und Ausdauer gefragt, denn jede Gruppe hat ihr individuelles Tempo, wenn es darum geht, kooperatives Handeln zu erlernen. Über kurz oder lang wird der angestrebte Lernerfolg jedoch immer deutlicher zu erkennen sein, und die entsprechenden Verhaltensmuster der Schüler werden sich nachhaltig verändern.

Je nach Aktion und zur Verfügung stehendem Zeitbudget sind für diese Phase 15–30 Minuten vorgesehen.

Reflexionsphase

Nach Abschluss der Aktionsphase übernimmt der Spielleiter noch einmal die Anleitung und beginnt mit der Reflexion der Ereignisse. Während dieser Phase wird zum einen die Leistung der Klasse in Bezug auf das erlebte und gezeigte Kooperationsverhalten besprochen und zum anderen der Transfer in die Lebenswelt der Kinder vollzogen. Zunächst dürfen die Schüler ihre Rückmeldung geben. Dazu können folgende Fragen gestellt werden:

- Wie haben die Schüler den Aktionsverlauf wahrgenommen?
- Welche Situationen haben sie als besonders herausfordernd erlebt?
- Haben sie als Team gut zusammengearbeitet und zusammengehalten?
- Wäre an der einen oder anderen Stelle noch eine Verbesserung notwendig?

Anschließend berichtet die Spielleitung von den Eindrücken, die sie aus der Beobachtungsrolle heraus gewinnen konnte. Dabei ist zu beachten, dass jegliche Kritik so angebracht wird, dass diese von den Schülern als konstruktiv wahrgenommen und dadurch auch angenommen wird. Nur so können sie lernen, ihr Verhalten zu überdenken und es im Verlauf der nächsten Aktionen verändert abzurufen.

Zum Schluss gibt die Klasse noch eine Rückmeldung an den Teamkapitän, wie er seine Aufgabe wahrgenommen hat. Häufig ist den Schülern hierbei besonders wichtig, dass während der Planungsphase jeder Vorschlag vorgetragen werden durfte und ob der Teamkapitän laut und verständlich gesprochen hat.

Für die Reflexion sollten fünf bis zehn Minuten in den Gesamtverlauf des Angebotes eingeplant werden. Nicht selten kommt es vor, dass ein Aktionsverlauf mehr Zeit in Anspruch genommen hat, als im Voraus dafür eingeplant wurde. Wenn dann der Spielleitung auch noch die nächste Unterrichtsstunde im Nacken sitzt, kommt sie leicht in Versuchung, die Reflexionsphase ausnahmsweise einmal wegfallen zu lassen. Dies sollte jedoch unter allen Umständen vermieden werden. Um solchen Fällen vorzubeugen, sollen die nun folgenden zwei Reflexionsmethoden als Beispiel dienen, wie man auch mit wenig Zeit noch eine Reflexionsrunde durchführen kann.

Top oder Flop?

In Fällen von Zeitmangel zum Ende einer erlebnispädagogischen Aktion kann man die altbewährte „Top-oder-Flop"-Methode für die Reflexion einsetzen: Daumen hoch bedeutet „Top", ein waagerechter Daumen spiegelt ein „Okay" wider, und der Daumen nach unten heißt „Flop" (Abb. 2). Dabei darf jeder Schüler zwei Bewertungen abgeben: Der linke Daumen bewertet die Teamleistung insgesamt und der rechte Daumen die Leistung des Teamkapitäns. Bei dieser Methode wird nicht gesprochen und auch keine Bewertung von Mitschülern kommentiert. Jeder Schüler hat das Recht auf seine persönliche Meinung, die akzeptiert werden muss. Wenn sich die Klasse bei dieser Reflexionsmethode in einem Kreis aufstellt, kann jeder einzelne Schüler die Bewertung aller Mitschüler wahrnehmen und mit dem persönlichen Eindruck vergleichen.

Abb. 2: Top oder Flop? Diesmal war es top!

Das Teamometer

Eine ebenfalls schnell durchführbare Bewertungsmethode ist das Teamometer. An die Tafel im Klassenzimmer wird ein senkrechter Bewertungsstrahl, das Teamometer, gezeichnet. Dieser Strahl soll so dargestellt sein, dass er die Möglichkeit einer Bewertung von null bis zehn zulässt, wobei die Null für eine absolut misslungene und die Zehn für eine perfekte Teamleistung steht. Jeder Schüler darf an dem Teamometer mit einem Kreuz markieren, wie er die Leistung seines Teams für die absolvierte Aufgabe einschätzt (Abb. 3). So entsteht ein Gesamteindruck, der, ebenso wie bei der Methode „Top oder Flop?“, unkommentiert angenommen werden muss.

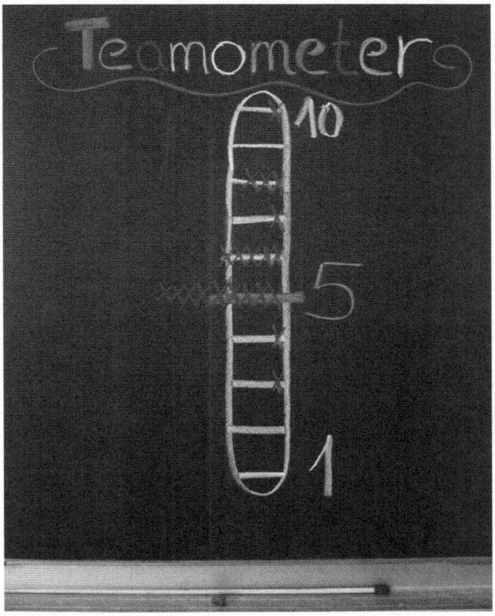

Abb. 3: Das Teamometer zeigt an, wie sich die Klasse einschätzt.

Abschlussphase

Die Abschlussphase dient dazu, die Klasse mit einem guten Gefühl aus der erlebnispädagogischen Aktion zu entlassen. Dies ist vor allem dann sinnvoll, wenn das Erfolgserlebnis in einer Angebotseinheit einmal ausgeblieben ist. In solchen Fällen kann ein Mutmach-Ritual der Klasse Trost spenden und sie gleichzeitig auffordern, bei der nächsten Einheit wieder mit ganzem Einsatz für das Team dabei zu sein. Ein mögliches Ritual könnte so aussehen, dass die Schüler eng zusammen in einem Kreis stehen und alle den rechten Arm nach vorne strecken, sodass alle Hände der

Schüler in der Luft aufeinander liegen (Abb. 4). Der Teamkapitän ruft dann die Frage: „Können wir das besser?“ Darauf folgt die Antwort des Teams: „Yo, das können wir!“. In diesem Moment reißen alle Schüler die Arme hoch, und der Kreis löst sich auf.

Abb. 4: Die Schüler motivieren sich gegenseitig nach einer fehlgeschlagenen Aktion.

Aber auch, wenn eine Aktion zu der angestrebten Lösung geführt hat, kann die Gruppe mit einem Ritual aus dem Angebot entlassen werden. Hierzu eignet sich beispielsweise ein „Spitze!“. Auch hier steht die Klasse in einem Kreis und nimmt die „Spitzeposition“ ein. Spitzeposition bedeutet, dass die Schüler eine leichte Hockposition einnehmen und die Hände vor dem Oberkörper auf Brusthöhe halten. Auf das Kommando der Spielleitung beginnt ein Schlag-Klatsch-Rhythmus, der wie folgt abläuft: sieben Schläge auf die Oberschenkel, sieben Klatschschläge mit den Händen, drei Schläge auf die Oberschenkel, drei Klatschschläge mit den Händen, ein Schlag auf die Oberschenkel, ein Klatschschlag in die Hände und zum Abschluss ein Sprung in die Luft mit gestreckten Armen und gleichzeitigem Ausruf „Spitze!“ (Abb. 5).

Abb. 5: Diesmal war die Klasse spitze!

2.4 Der Umgang mit Rückschlägen

Glücks- und Erfolgsmomente gehören zum Leben ebenso dazu wie Rückschläge und Niederlagen. Um in solchen Situationen angemessene Verhaltensstrategien abrufen zu können, ist es von Vorteil, diese möglichst schon in jungen Jahren entwickelt zu haben. Während der Durchführung erlebnispädagogischer Angebote werden die Schüler nicht davon verschont bleiben, auch einmal Rückschläge oder Niederlagen verkraften zu müssen.

Häufig sind Schüler mit Eintritt in die Grundschule noch nicht in der Lage, in solchen Situationen angemessene Verhaltensweisen zu zeigen. Die Spielleitung wird in derartigen Aktionsverläufen mit Reaktionen konfrontiert werden, die von bockigem Verhalten über Tränen bis hin zu Wutausbrüchen reichen. In diesen Momenten gilt es, Ruhe zu bewahren und die negativ belastete Situation für einen Lernprozess in Bezug auf die Frustrationstoleranz zu nutzen.

Die Schüler müssen lernen, sich Misserfolgen zu stellen und sie als möglichen Teil von Teamaufgaben zu erkennen. Dabei helfen die Reflexionsgespräche, die im Anschluss an die Aktionsphase folgen. Hier können die Schüler mögliche Ursachen für das Misslingen erkennen und lernen, mit diesen angemessen umzugehen. Vonseiten der Spielleitung sollte in solchen Momenten deutlich vermittelt werden, dass es in Ordnung ist, wenn einmal etwas nicht gelingt und das angestrebte Ziel nicht erreicht wird.

Aber auch schon vor der Aktionsphase können Situationen auftreten, in denen die Frustrationstoleranz der Schüler auf die Probe gestellt wird. So können einzelne Schüler bereits in der Planungsphase an ihre Grenzen stoßen, wenn ihre Vorschläge für die Lösungsstrategie nicht berücksichtigt werden oder sie ihre Ideen gar nicht erst vortragen können. Auch hier muss den Schülern in Gesprächen vermittelt werden, dass nicht immer jeder Vorschlag für eine Lösung geeignet ist, dass man Teil eines größeren Ganzen ist und daher gelegentlich auch einmal zurückstecken muss.

Wie stark ein solches Verhalten ausgeprägt ist, hängt natürlich von den Vorerfahrungen jedes einzelnen Schülers ab, die er in der Kita oder Familie gemacht hat. Erlebnispädagogische Angebote können bei regelmäßiger Anwendung mit Grundschülern einen Beitrag leisten, die bisher verinnerlichten Verhaltensmuster zu lockern und im Idealfall so umzuformen, dass sich die Reaktionen auf Rückschläge oder Niederlagen in einem angemessenen Rahmen bewegen.

2.5 Die Aufgabe der Reflexion

Wenn im Rahmen von Grundschule erlebnispädagogische Aktionen angeboten werden, vermitteln diese den teilnehmenden Schülern häufig den Eindruck, sich in einer Spielsituation zu befinden. Aus ihrer Sicht erhalten die Schüler eine Aufgabenstellung, die im Rahmen von vorgegebenen Regeln gelöst werden muss und bei der man als Gewinner oder Verlierer die Aktionsfläche verlassen wird. Daher ist es bei der Arbeit mit der Altersgruppe von Grundschülern unumgänglich, eine Reflexion der Ereignisse unmittelbar nach Aktionsende anzuschließen.

Mit Blick auf den in diesem Buch angedachten Zeitpunkt der Reflexion nach Abschluss des Angebots (Kap. 2.3) spricht man von einem „Handlungslernen durch Reflexion". Bei dieser Reflexionsmethode werden die Schüler […] aktiv an der Aufarbeitung der Lernerfahrung beteiligt (Heckmair/Michl 2012, 120). Die Schüler werden mithilfe von gezielten Fragen angeregt, die erlebten Situationen auf ihre persönliche Lebenswelt zu übertragen. Mögliche Fragestellungen für Grundschüler sind beispielsweise:

- „Was hat gut/weniger gut geklappt?"
- „An welcher Stelle gab es Schwierigkeiten?"
- „Was würdet ihr bei der nächsten Aufgabe besser machen?"
- „In welchen Situationen während des Schultags oder in eurer Freizeit könnt ihr diese Erfahrung nutzen?"

Durch diese Fragestellungen werden die Schüler Situationen aus ihrer Lebenswelt finden, bei denen Zusammenhalt und Teamwork wichtig sind. Als Beispiele werden häufig Situationen wie Konflikte unter Freunden, Hilfestellung in Problemsituationen, Trostspenden bei Traurigkeit oder Unterstützung im Bezug auf schwierige Lerninhalte in verschiedenen Unterrichtsfächern genannt.

Während dieses Austauschs machen die Schüler auch die Erfahrung, dass die erlebte Situation von ihren Mitschülern anders wahrgenommen oder eingeschätzt werden kann als von ihnen selbst. Besonders für jüngere Schüler ist dies zu Beginn der Arbeit mit erlebnispädagogischen Angeboten eine komplett neue Erfahrung. Bei ihnen liegt der Fokus noch gänzlich auf dem persönlich gewonnenen Eindruck. Den Perspektivwechsel in das Empfinden eines Mitschülers müssen sie erst noch erlernen. Je regelmäßiger mit einer Klasse erlebnispädagogisch gearbeitet wird, desto eher wird das Verständnis der Schüler für andere Sichtweisen wachsen.

3 Erlebnispädagogische Aktionen für den Grundschulalltag

3.1 Aktionen zum Kennenlernen und für den Wiedereinstieg

Kampf dem Superschurken

Wo: Klassenzimmer oder Turnhalle
Dauer: 45 Minuten
Jahrgang: ab Klasse 1
Material: Bettlaken oder große Decke

Anleitung: Dieses bekannte Spiel eignet sich sowohl als Kennenlernspiel als auch für einen lockeren Einstieg nach den Schulferien. Zunächst wird die Klasse in zwei gleich große Gruppen geteilt. Bei ungeraden Gruppenstärken wählt der Pädagoge einen Schüler aus, der ihm als Assistent zur Seite steht. Ohne Assistenten muss der Pädagoge im Vorfeld einen zweiten Pädagogen organisieren oder aber eine Möglichkeit finden, das Bettlaken z. B. an einem Fenstergriff, einer Sprossenwand oder Ähnlichem zu befestigen. Alternativ können im Wechsel jeweils zwei Schüler diese Aufgabe übernehmen. Das Laken wird nun so hoch gehalten, dass die beiden Gruppen sich jeweils auf einer Seite des Bettlakens in Position bringen und von der anderen Gruppe nicht gesehen werden können. Nun sucht sich jede Gruppe still und unauffällig einen Klassenkameraden aus, der sich unmittelbar hinter das Laken setzt (Abb. 6). Auf Kommando „Kampf dem Superschurken!" wird das Bettlaken fallen gelassen, und die beiden ausgewählten Schüler müssen so schnell wie möglich den Namen des gegenübersitzenden Klassenkameraden nennen. Der Schüler, dessen Namen zuerst genannt wird, wechselt zur anderen Gruppe. Ziel des Spiels ist es, alle Schüler in eine Gruppe zu holen und das Team wieder zu vereinen. Dadurch wird dem Spiel der Wettkampfcharakter genommen.

Hinweis: In der Regel werden die Schüler zu Beginn der Aktion immer wieder hin und her wechseln, sodass kein Ende der Aufgabe in Sicht zu sein scheint. Jedoch finden die Schüler oft schnell heraus, wer auf ihrer Seite der beste und schnellste Namennenner ist und werden diesen verstärkt hinter dem Tuch zum Einsatz bringen. Je mehr Schüler sich auf einer Seite des Tuches befinden, desto größer wird auch die Nervosität auf der anderen Seite, was gleichzeitig die Wahrscheinlichkeit erhöht, dass die Aufgabe ein Ende findet.

Geschichte: „Ich fasse es nicht! Seht ihr, was passiert ist? Irgendein Superschurke hat unser Team in zwei Hälften geteilt! Dagegen müssen wir unbedingt etwas unternehmen! Das können wir uns doch nicht gefallen lassen! Ich weiß: Wenn wir es schaffen, alle Namen unseres Teams blitzschnell zu nennen, können wir unser Team wieder vereinen und den Superschurken überlisten. Lasst uns keine Zeit verlieren und dem Superschurken den Kampf ansagen!"

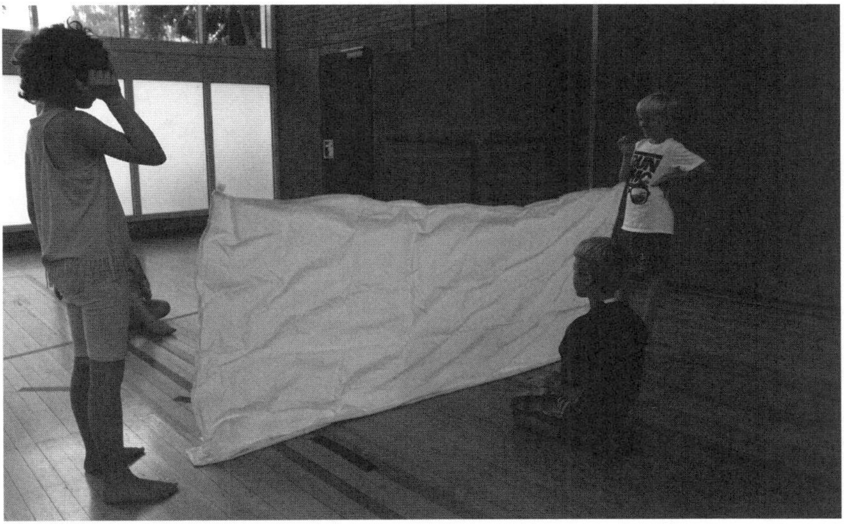

Abb. 6: Kampf dem Superschurken

Verspätung

Wo: Klassenzimmer
Dauer: 45 Minuten
Jahrgang: ab Klasse 1
Material: eine Stoppuhr

Anleitung: Die Klasse stellt sich in einem Kreis auf. Nun soll der Reihe nach jeder Schüler seinen Namen nennen. Dabei wird die Zeit gestoppt, die die Klasse für eine Runde benötigt. In den nachfolgenden Durchgängen soll die Klasse versuchen, die Zeit der ersten Runde zu unterbieten, bis die Mehrheit der Meinung ist, dass eine Verbesserung nicht mehr möglich ist.

Hinweis: Dieses Namensspiel eignet sich hervorragend, um bei neuen Gruppen ein erstes „Wir-Gefühl“ entstehen zu lassen. Bei Klassen, die sich bereits kennen, kann man es als lockeren Einstieg zu Beginn eines neuen Schuljahres einsetzen.

Geschichte: „Oh Mann Kinder, bitte entschuldigt meine Verspätung. Erst hat das Telefon geklingelt, dann wollte unsere Schulleitung noch etwas von mir wissen, und zu guter Letzt ist mir dann auch noch aufgefallen, dass ich die Materialien, die ich für unsere heutige Aktion benötige, zu Hause vergessen habe. Es tut mir sehr leid. Da wir ja jetzt leider nicht mehr so viel Zeit zur Verfügung haben, sollten wir nicht mehr viel quatschen, sondern schnellstens loslegen mit einem Ersatzspiel. Und ich habe da auch schon genau die richtige Idee für das bisschen Zeit, das uns noch bleibt.“

Was? Du auch?

Wo: Klassenzimmer
Dauer: 45 Minuten
Jahrgang: ab Klasse 1
Material: Stühle

Anleitung: Die Klasse sowie der Spielleiter treffen sich in einem Stuhlkreis. Der Spielleiter stellt nun eine Frage in Form von „Wer hat/war/kann/etc.“ mit dem Ziel, dass die Klasse mehr über jeden einzelnen Schüler erfährt und auch Gemeinsamkeiten feststellt. Die Schüler im Stuhlkreis, die die Frage mit „ja“ beantworten können, stehen auf und müssen sich so schnell wie möglich einen neuen leeren Sitzplatz suchen. Die Schüler, die die Frage mit „nein“ beantworten, bleiben sitzen und rufen „Was??? Du auch???“. So wird nochmal deutlich gemacht, dass Gemeinsamkeiten innerhalb der Klasse zu finden sind.

Hinweis: Idealerweise bereitet die Spielleitung die Fragen schon vor. Dadurch kann sie sowohl die Dauer der Aktion bestimmen als auch die Thematik steuern. Wichtig ist, dass im Vorfeld überlegt wird, wie anspruchsvoll die Fragen sein dürfen. Für Klassen der Jahrgangsstufe 1 kann man beispielsweise nicht voraussetzen, dass die Schüler schon Reiseziele oder das Alter der Eltern benennen können. Die Fragen sollten also stets an die Lebenswelt der Jahrgangsstufen angepasst werden.

Geschichte: „Jeder von uns ist ja auf seine ganz persönliche Art etwas Einzigartiges, etwas ganz Besonderes. Und nicht jeder von uns erlebt die gleichen Dinge, sei es hier in der Schule, zu Hause oder in den Ferien. Aber es gibt auch Dinge, die hat jeder schon mal erlebt und gesehen. Und bei manchen Dingen haben wir auch Gemeinsamkeiten, wie zum Beispiel bei Haar- oder Augenfarben. Lasst uns doch einmal schauen, wie es in unserer Gruppe aussieht mit den Unterschieden und Gemeinsamkeiten."

Schwupps ... weg war es!

Wo: Klassenzimmer, Schulhof
Dauer: 45 Minuten
Jahrgang: ab Klasse 1
Material: ein Schwungtuch

Anleitung: Ein Schüler der Klasse verlässt den Ort des Geschehens. Dann wird ein weiterer Schüler ausgewählt, der sich unter einem Schwungtuch verstecken soll. Ist dies geschehen, ruft die restliche Klasse laut „Schwupps ... weg war es!". Das ist das Zeichen für den Schüler, dass er wieder zurückkommen soll. Er muss nun erraten, welcher Klassenkamerad sich unter dem Schwungtuch versteckt (Abb. 7).

Abb. 7: Wer versteckt sich wohl unter dem Schwungtuch?

Hinweis: Vor Spielbeginn sollte man den Schülern deutlich erklären, dass dieses Spiel nur dann funktionieren wird, wenn alle zusammenhalten und keiner etwas verrät. Nur wenn der ratende Schüler gar nicht auf den versteckten Klassenkameraden kommt, kann vonseiten der Klasse Hilfestellung geleistet werden, indem Tipps wie Haarfarbe, Kleidung oder Geschlecht verraten werden. Nach einer Weile, oder auch bei Klassen, die sich schon etwas besser kennen, kann man den Schwierigkeitsgrad erhöhen, indem alle Schüler der Klasse noch zusätzlich die Plätze tauschen.

Geschichte: „Heute habe ich euch ein magisches Zaubertuch mitgebracht. Schaut es euch ruhig einmal an. Aber Vorsicht … wenn du ihm zu nahe kommst, macht es Schwupps … und weg bist du. Wie, ihr glaubt mir nicht?! Na dann komm und trau dich mal ganz nah heran. Ihr werdet schon dann schon sehen was passiert."

Hip-Hop

Wo: Klassenzimmer
Dauer: 45 Minuten
Jahrgang: ab Klasse 2
Material: Stühle

Anleitung: Mit den Stühlen der Schüler wird ein Sitzkreis gebildet. Es muss jedoch ein Stuhl weniger als die Anzahl der anwesenden Schüler verwendet werden. Nun wird ein Schüler ausgewählt, der bei dieser Aktion beginnt. Dieser stellt sich in die Mitte des Stuhlkreises, die restlichen Schüler nehmen auf den Stühlen Platz. Der Schüler in der Mitte des Kreises zeigt nun auf einen Klassenkameraden und sagt entweder „Hip" oder „Hop". Bei „Hip" muss der Schüler, auf den gezeigt wurde, den Namen seines linken Sitznachbarn blitzschnell nennen, bei „Hop" den Namen seines rechten Nachbarn. Wird der Name zügig und richtig genannt, sucht sich der Schüler in der Mitte einen neuen Mitschüler aus, zeigt erneut auf diesen und sagt wieder „Hip" oder „Hop". Wurde der Name jedoch nicht schnell genug von dem sitzenden Schüler genannt oder ist dieser falsch, muss der Schüler von seinem Stuhl aufstehen und die Position sowie die Aufgabe des stehenden Schülers übernehmen. Der Schüler aus der Mitte darf sich nun auf den frei gewordenen Platz setzen. Als Zeitlimit sollten ca. drei Sekunden angesetzt werden. Die Kontrolle des Zeitlimits unterliegt der Spielleitung, indem diese beispielsweise in Gedanken „21 … 22 … 23" zählt. Wichtig hierbei ist, dass das Zählen in Gedanken erfolgt, da bei lautem Zählen die Schüler nervös werden und unter Handlungsdruck geraten können.

Hinweis: Bei Gruppen, die sich schon eine Weile kennen, kann es passieren, dass nur selten ein Name falsch genannt wird. Für diesen Fall kann man vor Beginn der Aktion festlegen, dass nach fünf Versuchen ein Wechsel erfolgt und ein freiwilliger Schüler die Position in der Mitte des Kreises übernimmt.

Geschichte: „Wusstet ihr eigentlich, dass Hip-Hop aus einem Spiel entstanden ist? Nein?! Wollt ihr wissen, wie es geht? Prima, dann mal los!" (Am Ende der Aktion sollte man die Kinder aufklären, dass Hip-Hop natürlich nicht aus diesem Spiel entstanden ist und man sich dies nur ausgedacht hat.)

Wer bin ich?

Wo: Klassenzimmer
Dauer: 45 Minuten
Jahrgang: ab Klasse 2
Material: Papier, Stifte

Anleitung: Jeder Schüler bekommt einen vorbereiteten Zettel, auf dem er zwei Eigenschaften sowie ein Hobby von sich eintragen soll. Die Zettel werden anschließend eingesammelt, gemischt und dann wieder an die Schüler verteilt. Bevor das Spiel beginnen kann, muss jeder überprüfen, ob er zufällig seinen eigenen Zettel zurückbekommen hat. Sollte dies der Fall sein, muss noch einmal neu gemischt werden. Hat jeder Schüler einen Zettel eines Klassenkameraden, beginnt ein Schüler damit, die Eigenschaften und das Hobby vorzulesen und darf anschließend drei Versuche tätigen, den umschriebenen Klassenkameraden zu erraten. Gelingt dies nicht, darf die gesamte Klasse unterstützend mitraten.

Hinweis: Die aufgeschriebenen Eigenschaften sollten nach Möglichkeit nicht nur Merkmale wie Haarfarbe, Augenfarbe, Junge oder Mädchen beinhalten. Interessanter wird es, wenn die Schüler positive Eigenschaften oder besondere Talente von sich aufschreiben.

Geschichte: „Mittlerweile kennt ihr euch ja schon recht gut. Zumindest glauben das die meisten von euch. Doch ist das auch wirklich so? Wie gut ihr euch tatsächlich kennt, werden wir heute einmal testen."

ID-Code

Wo: Klassenzimmer
Dauer: 45 Minuten
Jahrgang: ab Klasse 3
Material: ID-Karten, Stifte

Anleitung: Die Schüler erhalten eine vorgefertigte ID-Karte, bei der sich auf der Vorderseite sechs waagerechte Striche befinden und die Rückseite unbeschriftet ist. Auf die Rückseite schreibt jeder Schüler seinen Namen. Die Vorderseite ist wie folgt zu beschriften: Auf die ersten beiden Striche kommt das Alter des Schülers (ein neunjähriger Schüler schreibt in dem Fall „09“ auf die ersten Striche). Der dritte Strich wird mit einem „M“ für Mädchen oder einem „J“ für Junge beschriftet. Auf den vierten Strich kommt der Anfangsbuchstabe der Haarfarbe, und auf den letzten beiden Strichen schreibt jeder Schüler seine Schuhgröße auf (Abb. 8). Nun sammelt die Spielleitung die Karten ein, mischt diese und legt vor jeden Schüler eine Karte mit der Vorderseite nach oben hin. Dabei achtet sie darauf, dass kein Schüler seine eigene Karte bekommt. Jeder Schüler hat nun die Aufgabe, den passenden Schüler zu der ID-Karte, die er erhalten hat, ausfindig zu machen.

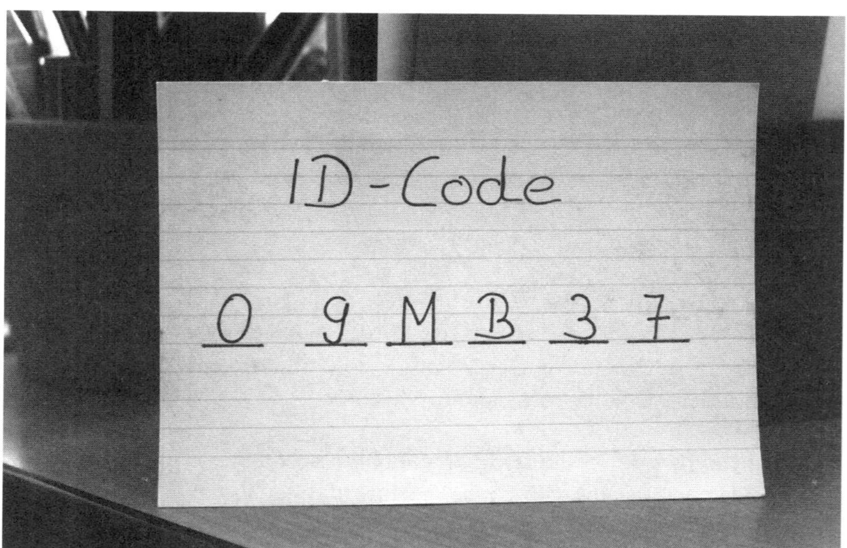

Abb. 8: Der ID-Code

Hinweis: Bei Schülergruppen, die sich bereits mit Namen kennen, entfallen der Name auf der Rückseite der Karte sowie der Buchstabe für das Geschlecht. Statt des Geschlechts kann man hier beispielsweise den Anfangsbuchstaben der Lieblingsfarbe oder des Nachnamens nehmen.

Geschichte: „Ich habe gehört, dass im Jahr 2050 kein Mensch mehr einen Namen haben wird. Stattdessen werden wir alle mit einem ID-Code versehen, der unsere Namen ersetzen wird. Dann gibt es keinen Dennis, keinen Jonas und keine Tina mehr. Dann werden wir nur noch 43JB42 oder so ähnlich heißen. Könnt ihr euch das vorstellen? Am besten üben wir das schon einmal. Je eher wir uns daran gewöhnen, desto leichter wird es uns im Jahr 2050 fallen, miteinander Kontakt aufzunehmen."

Flunkern

Wo: Klassenzimmer
Dauer: 45 Minuten
Jahrgang: ab Klasse 3
Material: Papier, Stifte

Anleitung: Die Schüler nehmen ein Blatt Papier und einen Stift. Jeder erhält die Aufgabe, zwei Hinweise in Form von Erlebnissen, Wünschen oder Hobbys über sich aufzuschreiben, die der Wahrheit entsprechen, sowie einen Hinweis, der frei erfunden ist. Der Rest der Klasse soll dann erraten, welcher der drei Hinweise ausgedacht wurde.

Hinweis: Diese Aktion soll mit Klassen durchgeführt werden, die sich bereits einige Jahre kennen und auch schon einiges über ihre Klassenkameraden wissen. Da die Aufgabe auch eine gewisse Kreativität voraussetzt, ist diese erst ab Klasse 3 einsetzbar.

Geschichte: „Mal Hand aufs Herz ... jeder hat doch schon einmal geflunkert, oder? Manchmal kommt man einfach in Situationen, in denen man sich leider nicht anders zu helfen weiß, und dann passiert es leider. Und danach fühlt man sich auch meistens irgendwie mies. Heute ist es aber mal anders. Denn heute ist Flunkern nicht nur erlaubt, sondern ausdrücklich erwünscht!"

Meine Ferien

Wo: Klassenzimmer
Dauer: 45 Minuten
Jahrgang: ab Klasse 3
Material: Papier, Stifte

Anleitung: Die Schüler finden sich paarweise zusammen und erhalten jeweils ein Blatt Papier sowie einen Stift. Anschließend berichtet der eine Partner von seinen Ferien, während der andere Partner sich Notizen dazu macht. Wenn alle Paare mit dieser Aufgabe fertig sind, treffen sie sich in einem Stuhlkreis. Dort berichten die Schüler von den Erlebnissen des jeweiligen Partners anhand der Notizen, die im Vorfeld aufgeschrieben wurden.

Hinweis: Nach den Schulferien, egal ob Oster-, Sommer-, Herbst- oder Weihnachtsferien, gibt es immer eine Menge zu erzählen. Daher eignet sich diese Aktion besonders gut als Wiedereinstieg am ersten Schultag.

Geschichte: „In den Ferien kann man was erleben! Ich denke, da sind wir uns auch alle einig. Und wer erzählt guten Freunden nicht gerne von den lustigen, spannenden, abenteuerlichen und entspannten Tagen ohne Deutsch und Mathe?! Und genau das darf jetzt jeder von euch auch direkt einmal tun."

Das bin ich!

Wo: Klassenzimmer
Dauer: 45 Minuten
Jahrgang: ab Klasse 3
Material: Papier, Stifte

Anleitung: Jeder Schüler erhält ein Blatt Papier und einen Stift und schreibt die Buchstaben seines Vornamens senkrecht untereinander. Nun soll hinter jeden Buchstaben ein Wort geschrieben werden, das mit diesem Buchstaben beginnt und den Schüler gleichzeitig beschreibt. Dies können beispielsweise Hobbys, Charaktereigenschaften oder Wünsche sein. Anschließend können die Schüler ihre Auflistung der Klasse vorstellen, und diese kann eine Rückmeldung geben, ob die gewählten Begriffe aus ihrer Sicht zutreffend sind.

Hinweis: Diese Aktion sollte mit Klassen durchgeführt werden, die sich bereits über einen längeren Zeitraum kennen. Bei den Rückmeldungen der

Mitschüler sollte darauf geachtet werden, dass diese immer positiv ausfallen, auch wenn die Beschreibungen aus ihrer Sicht nicht zutreffen sollten.

Geschichte: „Wenn man einen anderen Menschen beschreiben soll, fallen einem oft sehr viele Eigenschaften oder Verhaltensweisen ein, die typisch für diese Person sind. Sich selbst zu beschreiben und dabei auch noch ehrlich zu sich selbst zu sein, ist aber nicht ganz so einfach. Mit dieser kleinen Übung wollen wir einmal schauen, wie gut ihr euch selbst kennt und ob eure Mitschüler euch genauso kennengelernt haben."

3.2 Kooperationsspiele

Kling Glöckchen ... pssst!

Wo: Klassenzimmer
Dauer: 45 Minuten
Jahrgang: ab Klasse 1
Material: eine kleine Tischglocke

Anleitung: Die Schüler stellen sich in einer Reihe nebeneinander auf. Der Schüler links außen bildet den Anfang und bekommt die Tischglocke. Die Glocke muss so am Griff gehalten werden, dass die offene Seite nach unten zeigt. Die Aufgabe besteht nun darin, die Tischglocke von Kind zu Kind weiter zu geben, ohne dass diese läutet (Abb. 9). Ertönt doch ein Ton, wird die Runde abgebrochen und die Aufgabe startet von vorn.

Hinweis: Auf den ersten Blick mag der Eindruck entstehen, dass diese Aufgabe sehr leicht zu lösen sei. In der Praxis hat sich jedoch gezeigt, dass besonders Erstklässler für die Bewältigung dieser Aufgabe mehrere Anläufe benötigen. Sie sind bei solchen Aktionen oft recht nervös, und einigen fehlen auch noch die notwendigen motorischen Fähigkeiten, um den Griff der Glocke ruhig zu halten bzw. die Glocke ruhig weiterzugeben.

Geschichte: „Ihr kennt doch alle das Weihnachtslied ‚Kling Glöckchen'. Im Text dieses Liedes heißt es ‚Kling Glöckchen klingelingeling, kling Glöckchen kling'. Aber wusstet ihr schon, dass das Lied ursprünglich gar kein Weihnachtslied werden sollte? Und dass es eigentlich ‚Kling Glöckchen ... pssst!' heißen sollte? Nein, das habt ihr nicht gewusst? Es war nämlich so, dass die Kinder früher in der Weihnachtszeit ein Spiel gespielt haben, bei dem eine Tischglocke unter gar keinen Umständen klingeln durfte. Und während sie spielten, flüsterten sie ‚Kling Glöckchen … pssst!'. Ich habe euch mal so eine Tischglocke mitgebracht, und wenn ihr wollt, dann können wir das Spiel jetzt gleich einmal spielen. Habt ihr Lust?"

Abb. 9: Vorsichtig, denn das Glöckchen darf nicht erklingen!

Wolkenkratzer

Wo: Klassenzimmer
Dauer: 45 Minuten
Jahrgang: ab Klasse 1
Material: pro Schüler ein Tafelschwamm, vier Tafelschwämme für die Basis

Anleitung: Jeder Schüler erhält einen Tafelschwamm. Gemeinsam sollen die Schüler nun einen Turm bauen, der auf einer Schwammbasis von vier flach im Rechteck liegenden Schwämmen basiert. Im Wechsel soll ein Schwamm waagerecht auf zwei senkrecht stehende Schwämme gelegt werden (Abb. 10). Stürzt der Turm ein, beginnt die Aufgabe von vorn.

Hinweis: Während die Spielregeln erklärt werden, sollten die Schüler nicht darauf hingewiesen werden, dass es verschiedene Möglichkeiten gibt, die senkrecht stehenden Schwämme zu platzieren. Auch verschiedene Spielvarianten sind bei dieser Aktion vorstellbar. So kann beispielsweise in mehreren Runden gespielt werden, in denen die Schüler von Runde zu Runde überlegen, wie hoch sie den Turm bauen können. Eine weitere Möglichkeit ist, dass die Aufgabe erst dann als geschafft gilt, wenn alle Schwämme verbaut sind.

Geschichte: „In Großstädten wie New York, Dubai oder Hongkong stehen einige der höchsten Wolkenkratzer auf unserem Planeten. In Deutschland steht der höchste Wolkenkratzer aktuell in Frankfurt am Main und ist 259 m hoch. Was haltet ihr davon, wenn wir unseren eigenen Wolkenkratzer bauen? Die notwendigen Baumaterialien habe ich gleich mitgebracht."

Abb. 10: Wie hoch wird der Turm?

Wabbel-Schwabbel

Wo: Schulhof
Dauer: 45 Minuten
Jahrgang: ab Klasse 1
Material: mit Wasser gefüllter Luftballon (keine Wasserbombe), eine Stoppuhr

Anleitung: Zunächst muss ein Luftballon mit Wasser gefüllt werden. Nachdem der Luftballon zugeknotet wurde, malt man ihm ein Gesicht auf (Abb. 11). Für diese Aktion muss sich die Klasse im Kreis aufstellen. Die Schüler müssen die Hände mit den Handflächen nach oben zeigend vor dem Oberkörper halten. Der Wabbel–Schwabbel wird nun einem Schüler in die geöffneten Handflächen gelegt. Ziel der Aktion ist es, den Wabbel–Schwabbel so schnell wie möglich eine Runde über die Hände der Klasse im Kreis rollen zu lassen, ohne dass er zu Boden fällt. Außerdem muss jeder Schüler den Wabbel–Schwabbel mit beiden Händen berührt haben. Natürlich ist es mit einem Durchgang nicht getan. Die Klasse soll durch die erlebte Erfahrung und erneute Absprachen versuchen, die vorgelegte Zeit so oft wie möglich zu unterbieten.

Abb. 11: Das ist Wabbel-Schwabbel.

Hinweis: Wie viel Wasser in den Luftballon gefüllt wird, kann individuell entschieden werden. Je voller der Luftballon ist, desto schwieriger wird die Aufgabe.

Geschichte: „Darf ich vorstellen: Das ist Wabbel–Schwabbel. Wabbel-Schwabbel ist ein guter Freund von mir, und er freut sich schon sehr darauf, euch alle kennenzulernen. Und dass er euch kennenlernen möchte ist eine sehr große Ehre, denn eigentlich ist Wabbel–Schwabbel ziemlich menschenscheu. Nur die Allerwenigsten haben ihn bisher zu sehen bekommen. Eins muss ich euch aber auch noch über ihn verraten: Er rollt am liebsten ganz schnell im Kreis umher. Erst eine Runde langsam zum Eingewöhnen und dann immer schneller und schneller und schneller. Und je schneller er rollen kann, desto mehr mag er seine neuen Freunde leiden. Also, was meint ihr? Habt ihr Lust, so richtig dicke Freunde von Wabbel–Schwabbel zu werden? Ja?! Na dann mal los!“

Das letzte Stück Kreide

Wo: Klassenzimmer
Dauer: 45 Minuten
Jahrgang: ab Klasse 1
Material: ein Stück Kreide

Anleitung: Zu Beginn der Aktion entfernt man sämtliche Tafelkreide aus dem Blickfeld der Schüler. Lediglich ein Stück Kreide wird auf einem Tisch, einer Fensterbank o. Ä. auf der Raumseite gegenüber der Tafel deponiert. Dieses Stück Kreide müssen die Schüler von dort aus zur Tafel transportieren. Für den Transport gelten folgende Regeln: 1.) Die Kreide darf nicht mit den Händen berührt werden. 2.) Für den Transport darf kein flacher Gegenstand wie beispielsweise ein Buch oder Heft benutzt werden. 3.) Jeder Schüler muss an dem Transport beteiligt sein.

Hinweis: Die Praxis hat gezeigt, je jünger die Schüler sind, desto komplizierter planen sie die Durchführung. Klasse 1 hatte beispielsweise die Idee, die Kreide mithilfe eines Ellenbogens in einen leeren Behälter zu schieben und diesen Behälter auf einen Stuhl zu stellen. Dann schoben alle Schüler abwechselnd den Stuhl bis zur Tafel (Abb. 12). Klasse 3 hat dagegen einen Stift genommen, mit diesem die Kreide ebenfalls in ein leeres Körbchen geschoben und dann das Körbchen von Kind zu Kind weitergereicht, bis es an der Tafel angekommen war.

Geschichte: „So, ihr Lieben, heute haben wir folgende Aufgabe zu bewältigen: Die Aufgabe heißt ... *(an dieser Stelle sucht man nach der Kreide)* äh ... Moment mal ... haben wir etwa keine Kreide mehr?! Oh Mann, das ist ja mal wieder typisch. Wenn ich einmal für eine Aktion ein Stück Kreide brauche, ist natürlich keine mehr da. Dann hole ich ... ach ... was sehe ich denn da hinten? Da liegt ja noch ein letztes Stück Kreide. Seid ihr bitte so nett und bringt mir gemeinsam die Kreide zur Tafel? Ich hätte da nur ein paar klitzekleine Bedingungen, wie dies geschehen soll."

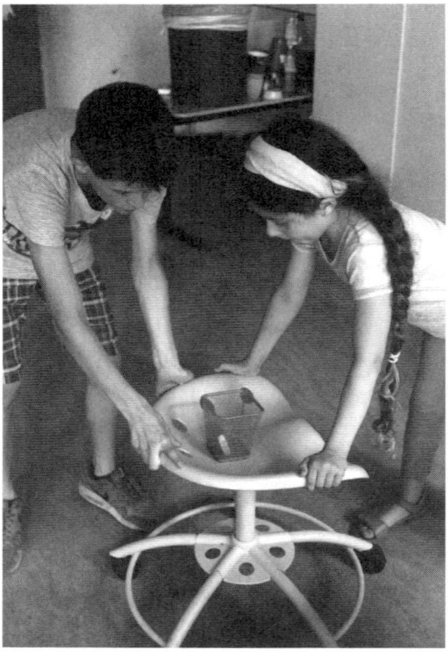

Abb. 12: Die Schüler transportieren das letzte Stück Kreide.

Geburtstagskalender

Wo: Klassenzimmer
Dauer: 45 Minuten
Jahrgang: ab Klasse 1
Material: –

Anleitung: Die Aufgabe für die Schüler besteht darin, sich in der Reihenfolge ihrer Geburtsmonate aufzustellen. Begonnen wird selbstverständlich mit dem Monat Januar, und enden soll die Reihe mit dem Monat Dezember. Für die Durchführung wird lediglich ein freies Stück Raum in der Klasse benötigt. Als Herausforderung für die Klasse gilt die Regel, dass während des Aufstellprozesses nicht gesprochen werden darf.

Hinweis: Für Klassen der Jahrgangsstufe 3 und 4 ist diese Form der Aufgabenstellung erfahrungsgemäß recht leicht zu lösen. Als Erschwernis kann man dann zusätzlich zu der Sortierung nach Monaten noch den Geburtstag als Kriterium mit hinzunehmen.

Geschichte: „Ich muss euch unbedingt etwas erzählen. Mir ist gestern etwas total Dummes passiert. Ich habe noch ein wenig euer Klassenzimmer aufgeräumt und bin dann beim Staubwischen der Regale irgendwie an euren Geburtstagskalender gestoßen. Dabei ist dieser dann runtergefallen und platsch in meinem Putzeimer gelandet. Es tut mir wirklich leid, und ich habe mir überlegt, wie wir jetzt ohne euren Kalender noch wissen können, wer von euch wann Geburtstag hat. Glücklicherweise habe ich auch eine Idee für einen neuen Geburtstagskalender. Und ich wette, dieser gefällt euch mindestens genauso gut wie der letzte Geburtstagskalender."

Raupenwanderung

Wo: Schulgebäude, Schulhof, Turnhalle
Dauer: 45 Minuten
Jahrgang: ab Klasse 1
Material: Luftballons (einer weniger als Klassenstärke)

Anleitung: Die Luftballons werden vor Aktionsbeginn aufgepustet und zugeknotet. Die Schüler stellen sich in einer Reihe hintereinander auf und bekommen, bis auf das erste Kind der Reihe, einen Luftballon. Jeder Schüler klemmt nun seinen Luftballon zwischen seinem Oberkörper und dem Rücken seines Vordermanns ein und darf ihn dann nicht mehr mit den Händen berühren. Ziel ist es nun, eine festgelegte Strecke zurückzulegen, ohne dass ein Luftballon herunterfällt (Abb. 13).

Hinweis: Diese Aktion eignet sich bestens für jede Jahrgangsstufe, da sich der Schwierigkeitsgrad problemlos an die jeweilige Klasse anpassen lässt. Während man den höheren Jahrgängen vorgeben kann, dass die Hände seitlich am Körper gehalten werden müssen, kann man bei jüngeren Jahrgängen zulassen, dass die Schüler sich mit den Händen an den Hüften oder Schultern der Vordermänner festhalten.

Geschichte: „Im Leben einer jeden Raupe kommt irgendwann der Zeitpunkt, an dem sie auf große Wanderung gehen muss, um sich einen geeigneten Platz für die Verwandlung in einen Schmetterling zu suchen. Und auch wenn es bei den Raupen so leicht und unbeschwert aussieht – so eine Wanderung kann ziemlich anstrengend sein. Denn ein Raupenkörper lässt sich gar nicht so leicht vorwärtsbewegen. Ihr glaubt mir nicht?! Na dann probiert es doch einfach mal selber aus."

Abb. 13: Raupenwanderung

Der Haifischsee

Wo: Schulhof, Turnhalle
Dauer: 45 Minuten
Jahrgang: ab Klasse 1
Material: Teppichfliesen (drei bis fünf weniger als Schülerzahl, Kreide oder vier Verkehrskegel

Anleitung: Zunächst müssen der Startpunkt und das Ziel für diese Aktion markiert werden (mithilfe der Kreide oder des Verkehrskegels, je nachdem, ob man die Aktion auf dem Schulhof oder in der Turnhalle stattfinden lässt). Die Distanz zwischen Start und Ziel sollte ca. 25–30 m betragen. Die Schüler sammeln sich nun am Startpunkt. Ihre Aufgabe ist es, die Distanz zwischen Start und Ziel als Menschenkette zurückzulegen. Das Überqueren darf nur über die Teppichfliesen erfolgen, der Boden darf nicht berührt und die Kette darf zu keinem Zeitpunkt unterbrochen werden (Abb. 14). Wird eine der drei Regeln nicht eingehalten, beginnt die Aktion von vorn. Da nicht für jeden Schüler der Klasse eine Teppichfliese vorhanden ist, müssen sich die Schüler zeitweise einzelne Teppichfliesen mit ihren Klassenkameraden teilen.

Hinweis: Erfahrungsgemäß lieben die Schüler diese Aktion. Daher eignet sie sich wunderbar für jede Klassenstufe. Wenn eine Klasse die Aktion bereits aus den vorangegangenen Schuljahren kennt, kann man den Schwierigkeitsgrad erhöhen, indem man beispielsweise die Anzahl der Teppichfliesen verringert. Eine weitere Möglichkeit besteht darin, dass ein Schüler „Haifisch" ist und Teppichfliesen klaut, wenn diese nicht von einem Fuß berührt werden, oder einzelne Spieler bei Fehlversuchen mithilfe einer Augenbinde „erblinden" zu lassen.

Geschichte: „Heute erwartet euch ein riesiges Abenteuer. Wie ihr hinter mir sehen könnt, stehen wir vor einem riesigen See, und eure Aufgabe wird es sein, diesen See mithilfe der kleinen Schwimminseln zu überqueren. Was?! Ihr denkt, das wird kein Problem?! Ich wäre mir da an eurer Stelle nicht so sicher, denn ihr müsst bei der Überquerung jederzeit eine Menschenkette bilden, dürft auf keinem Fall das Wasser berühren und habt nicht für jeden von euch eine eigene Schwimminsel. Doch die gefährlichste Sache habe ich euch ja noch gar nicht erzählt. Dieser See birgt ein gefährliches Geheimnis. Es handelt sich hier nämlich um einen der wenigen Haifischseen die es auf unserem Planeten noch gibt. Und ich kann euch nur raten, gut auf eure Schwimminseln aufzupassen, denn am liebsten klauen die Haie eure Schwimminseln und geben diese unter keinen Umständen wieder her. Also, los geht's … ich möchte jetzt nicht in eurer Haut stecken."

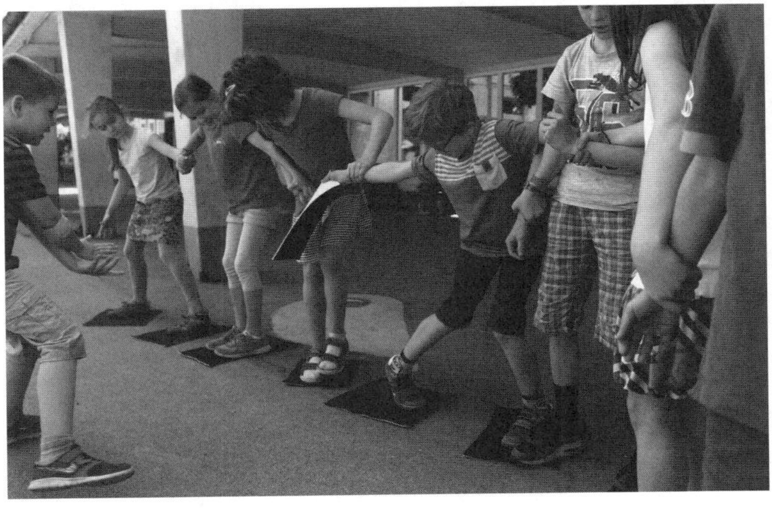

Abb. 14: Eine Klasse bei der Überquerung des Haifischsees

Knubbeln

Wo: Schulhof, Turnhalle
Dauer: 45 Minuten
Jahrgang: ab Klasse 1
Material: 15–20 m Seil

Anleitung: Mithilfe des Seils wird ein Kreis auf dem Schulhof/in der Turnhalle ausgelegt. Die Aufgabe für die Klasse besteht darin, mit allen Schülern im Inneren des Kreises Platz zu finden und dabei das Seil nicht zu berühren. Dabei muss die Größe des Kreises zu Beginn so groß ausgelegt sein, dass alle Schüler der Klasse bequem im Inneren des Kreises Platz finden. In den nun folgenden Runden wird der Kreis nach und nach immer kleiner gezogen, sodass der zur Verfügung stehende Platz für die Klasse immer geringer wird (Abb. 15).

Abb. 15: So sieht ein Knubbel aus.

Hinweis: Um den Schwierigkeitsgrad der Aktion für ältere Jahrgänge zu erhöhen, kann man beispielsweise zur Bedingung machen, dass jeder Schüler lediglich auf einem Bein im Kreis stehen darf oder einige Schüler den Kreis nur mit Augenbinden betreten dürfen.

Geschichte: „Heute lernen wir einmal nicht, wie viel fünf plus fünf ist oder wie man ‚Katze' schreibt. Nein, heute lernen wir, was es bedeutet, ein Knubbel zu sein. Weiß jemand von euch, was ein Knubbel ist? Nein? Ein Knubbel ist ein Haufen von Kindern, die auf engster Fläche zusammenstehen. Man kann also sagen, die Kinder müssen sich auf engster Fläche knubbeln. Doch Achtung: Am Rand des Knubbels liegt eine magische Schnur, die, wenn sie berührt wird, die Fläche automatisch kleiner zieht. Also, Augen auf beim Knubbeln."

Wandertag

Wo: Klassenzimmer
Dauer: 45 Minuten
Jahrgang: ab Klasse 1
Material: pro Schüler zwei Buntstifte, ein Bleistift

Anleitung: Die Schüler stellen sich in einer Reihe nebeneinander auf und halten ihre beiden Buntstifte jeweils in einer Hand waagerecht vor sich. Einem Schüler, der an einem Ende der Reihe steht, wird der Bleistift auf seine Buntstifte gelegt. Die Aufgabe besteht nun darin, dass der Bleistift mithilfe der Buntstifte von einem Schüler zum nächsten übergeben wird, sodass dieser von dem einen Ende der Reihe zum anderen wandert (Abb. 16). Fällt der Bleistift zwischendurch herunter, beginnt die Aufgabe von vorn.

Abb. 16: Ein Bleistift wird von Schüler zu Schüler weitergegeben.

Hinweis: Für die Bewältigung dieser Aktion sind sowohl Konzentration als auch die motorischen Fähigkeiten der Schüler gefragt. Besonders bei Erstklässlern werden gravierende Unterschieden zwischen den einzelnen Schülern zu erkennen sein. Daher sollte im Vorfeld der Aktion unbedingt darüber gesprochen werden, dass Fehlversuche nicht schlimm sind, sondern sich bei dieser Übung nicht vermeiden lassen. Dadurch wird der möglicherweise aufkommenden Frustration über das „Scheitern“ entgegengewirkt.

Geschichte: „Heute ist Wandertag. Allerdings ist das heute kein gewöhnlicher Wandertag. Nein, denn heute wandern nicht wir, sondern wir lassen einen Bleistift wandern. Wie das funktionieren soll? Nun, das werdet ihr jetzt gleich erleben.“

Abschlussprüfung

Wo: Schulhof
Dauer: 45 Minuten
Jahrgang: ab Klasse 1
Material: einzeln ausgedruckte Buchstaben, 26 kleine Steine

Anleitung: Die ausgedruckten Buchstaben werden auf dem Schulhof ausgelegt und jeder mit einem kleinen Stein beschwert, damit sie nicht durch Windstöße weggeweht werden. Die Klasse bekommt nun die Aufgabe, pro Buchstabe einen Gegenstand zu besorgen, dessen Anfangsbuchstabe jeweils einem der ausgelegten Buchstaben entspricht. Dabei darf kein Buchstabe doppelt verwendet werden.

Hinweis: Diese Aktion sollte erst zum Ende des ersten Schuljahres eingesetzt werden, da die Schüler dann in der Regel alle Buchstaben des Alphabets gelernt haben. Um die Aufgabe zu erleichtern, kann man den Klassenraum der Schüler geöffnet lassen, sodass sie für die Aktion auch Gegenstände aus ihrer Klasse holen können. Damit kein Buchstabe doppelt belegt wird, ist es unumgänglich, dass sich die Schüler in der Planungsphase absprechen, wer für welchen Buchstaben zuständig sein wird. Besonders schwierige Buchstaben wie X und Y können auch aus dem Spiel genommen werden.

Geschichte: „Da wir ja nun schon fast am Ende des ersten Schuljahres angekommen sind, gehe ich mal davon aus, dass ihr auch schon alle Buchstaben des Alphabets gelernt habt. Und um das herauszufinden, habe ich euch heute eine Aufgabe mitgebracht, bei der ihr euer Wissen unter Beweis stellen und gleichzeitig zeigen müsst, dass ihr als Team zusammenarbeiten könnt. Also fast so etwas wie eine Abschlussprüfung zum Ende des ersten Schuljahres. Ich wünsche euch viel Erfolg."

Es taut!

Wo: Schulhof, Aula, Turnhalle
Dauer: 45 Minuten
Jahrgang: ab Klasse 1
Material: eine Abdeckplane von 3 × 4 m

Anleitung: Die Plane wird auf dem Boden ausgebreitet. Die Klasse bekommt die Aufgabe, mit allen Schülern auf der Plane Platz zu finden. In den nächsten Runden wird die Plane durch Zusammenfalten immer kleiner, wobei die Aufgabe die gleiche bleibt (Abb. 17). Ziel für die Klasse ist es, so viele Runden wie möglich zu überstehen.

Abb. 17: Die Klasse versucht, auf der kleiner werdenden Plane Platz zu finden.

Hinweis: Bei dieser Aktion bestehen verschiedene Möglichkeiten, die zur Verfügung stehende Fläche zu verkleinern. Bei den jüngeren Jahrgängen faltet man ein individuelles Stück der Plane ein, bei älteren oder geübteren Klassen kann man die Plane von Anfang an immer halbieren.

Geschichte: „Heute befinden wir uns im ewigen Eis. Doch vielleicht sollte ich besser sagen, wir befinden uns auf dem mickrigen Rest, der vom ewigen Eis noch übrig geblieben ist. Denn wenn ihr mal genau hinschaut, werdet ihr sehen, dass um uns herum schon alles geschmolzen ist. Nur eine kleine Eisscholle ist noch übrig geblieben, und selbst die wird immer kleiner und kleiner. Kommt schnell, ihr müsst alle auf dieser Eisscholle Platz finden, ansonsten spült euch das Schmelzwasser davon!"

Kettenbrief

Wo: Schulhof
Dauer: 45 Minuten
Jahrgang: ab Klasse 1
Material: Briefumschlag inklusive Nachricht

Anleitung: Als Vorbereitung zu dieser Aktion wird ein Briefumschlag auf dem Schulhof ausgelegt. Dieser Briefumschlag enthält eine Nachricht für die Schüler (z. B. „Das habt ihr klasse gemacht!" oder „Ihr seid spitze!!!"). Zu Beginn der Aktion wird die Klasse an einem Ausgangspunkt gesammelt. Dort erhalten sie die Aufgabenstellung sowie die Spielregeln. Die Aufgabe wird bei dieser Aktion sein, dass die Schüler den ausgelegten Brief erreichen und zum Ausgangspunkt zurückbefördern müssen. Dabei ist zu beachten, dass a) die gesamte Klasse während der Durchführung ununterbrochen Körperkontakt hält und b) mindestens ein Schüler den Ausgangspunkt nicht verlässt (Abb. 18). Wird eine dieser Regeln nicht eingehalten, muss die gesamte Klasse zum Ausgangspunkt zurück, und die Aufgabe beginnt von vorn.

Hinweis: Der Abstand zwischen Ausgangspunkt und Briefposition muss anhand der Klassenstärke abgeschätzt werden. Stellt man im Verlauf der Aktion fest, dass der Abstand zu klein/zu groß gewählt wurde, kann man durch erzählerisches Eingreifen den Briefumschlag in seiner Position verändern (z. B. kann eine erneute „Windböe" den Brief näher heran- oder weiter wegfliegen lassen). Wichtig ist nur, dass die Klasse den Brief letztendlich erreichen wird und zurück zum Startpunkt befördert. Auch bei der Beförderung ist darauf zu achten, dass der Körperkontakt der Klasse nicht unterbrochen wird. Muss die gesamte Klasse zwischendurch die Aktion von Neuem beginnen, kann man ihr auch eine erneute kurze Beratungszeit einräumen, bevor der neue Versuch startet. Diese Aktion passt, aufgrund der nachfolgenden Story, wunderbar in die Herbstzeit.

Geschichte: „Wisst ihr, was ich vor ein paar Minuten beobachten konnte? Hier draußen hat bis gerade eben noch ein kleiner Herbststurm getobt. Wenn ihr euch einmal umschaut, könnt ihr ja sicher auch sehen, wie viele Blätter der Sturm von den Bäumen gepustet hat. Und mitten in dem Sturm hab ich den Postboten auf seinem gelben Fahrrad gesehen. Ich kann euch sagen, der musste aber ganz schön kräftig in die Pedale treten, um voranzukommen. Als er genau vor unserem Schultor war, erwischte ihn eine ganz besonders starke Windböe, und ein Brief wurde aus seiner Posttasche kreuz und quer durch die Luft gewirbelt. Der Brief wirbelte und wirbelte durch die Luft, flog über das Schultor und landete hier auf unserem Schulgelände. Wenn ihr genau hinschaut, könnt ihr ihn dort hinten liegen sehen. Ich könnte wetten, dass es der Brief für unsere Klasse ist. Auf den warte ich schon seit Tagen. Was meint ihr, schaffen wir es gemeinsam, den Brief wieder einzusammeln? Ja?! Prima, auf euch kann man sich verlassen."

Abb. 18: Noch ein Stück, und der Brief ist erreicht.

Tunneln

Wo: Schulhof, Turnhalle
Dauer: 45 Minuten
Jahrgang: ab Klasse 1
Material: ein Softball, eine Stoppuhr

Anleitung: Die Schüler stellen sich in einer Reihe mit gespreizten Beinen eng hintereinander, sodass ein Tunnel entsteht. Der vorderste Schüler erhält den Ball und rollt diesen durch die Beine an das Ende des Tunnels. Dort wartet der letzte Schüler in der Reihe auf den Ball (Abb. 19). Ist der Ball angekommen, nimmt der Schüler diesen, rennt zum Anfang der Reihe und rollt nun ebenfalls den Ball durch den Tunnel ans hintere Ende der Reihe. Dies geschieht so lange, bis der ursprünglich erste Schüler der Reihe wieder vorne steht. Während dieses Gesamtdurchlaufs wird die Zeit gestoppt. Nach Beendigung der ersten Runde versucht die Klasse nun, die vorgelegte Zeit zu unterbieten. Hierfür erhält sie eine erneute Beratungszeit, um die Vorgehensweise optimieren zu können.

Abb. 19: Tunneln

Hinweis: Bei dieser Aktion sind verschiedene Varianten möglich. Die Schüler können beispielsweise den Ball über ihre Köpfe oder seitlich an der Reihe vorbei weitergeben. Wenn die Klasse verschiedene Vorgehensweisen zur Optimierung erarbeitet, können diese in den einzelnen Runden ausprobiert werden. Im Anschluss kann durch eine Reflexionsrunde die effektivste Methode gemeinschaftlich herausgefiltert werden.

Geschichte: „Beim Fußball kommt es immer wieder einmal vor, dass ein Spieler getunnelt wird. Dabei trickst der gegnerische Spieler sein Gegenüber aus, indem er ihm den Ball zwischen den Beinen hindurchspielt. Dies führt in der Regel leider häufig dazu, dass sich die Zuschauer über den getunnelten Spieler lustig machen und ihn im schlimmsten Fall sogar als Versager bezeichnen. Tunneln ist also etwas, das nicht sonderlich beliebt ist. Daran wollen wir heute etwas ändern. Wir werden allen beweisen, dass Tunneln Spaß macht, spannend ist und nur von wirklich guten Teamplayern perfekt durchgeführt werden kann. Ich bin mir sicher, mit euch habe ich genau das richtige Team für diese Mission gefunden."

Das schnellste Kartenspiel der Welt

Wo: Klassenzimmer
Dauer: 45 Minuten
Jahrgang: ab Klasse 1
Material: ein Set Skatkarten, eine Stoppuhr

Anleitung: Die Klasse bildet mithilfe ihrer Stühle oder mit Sitzteppichen einen Kreis. Das Kartenspiel wird gemischt, und jeder Schüler erhält eine Karte. Die Aufgabe besteht nun darin, die Karten in kürzester Zeit sowie in der richtigen Reihenfolge vor sich abzulegen (Abb. 20). Dabei ist die Reihenfolge 7, 8, 9, 10, Bube, Dame, König, As einzuhalten. Außerdem gilt es, eine vorgegebene Reihenfolge der Farben wie beispielsweise Karo, Herz, Pik und Kreuz einzuhalten. Da die Aktion aus mehreren Runden besteht, können die Schüler kontinuierlich versuchen, die vorgelegte Zeit zu unterbieten.

Hinweis: Vor Beginn der Aktion sollte man schauen, dass die Anzahl der Karten sowie die Auswahl der Farben der Klassenstärke entsprechen. So macht es unter Umständen Sinn, mit nur drei Farben oder lediglich ab Karte 8 zu spielen.

Geschichte: „Ihr könnt euch nicht vorstellen, was heute los ist. Irgendwie geht heute alles schief, was ich anpacke. Als Erstes reißt mir der Schnürriemen an meinen Sneakers. Dann fällt mir beim Frühstücken meine Kaffeetasse auf den Boden und zerbricht. Und als ob das nicht schon genug Pech wäre, verpasse ich auch noch meinen Bus, mit dem ich immer morgens zur Schule fahre. Außerdem klingelte heute ständig mein Telefon. Zuerst war es unsere Schulleitung, die noch Fragen zu unserem Schulfest hatte. Dann rief der Caterer an, weil er vergessen hatte, welches Essen wir für heute bestellt haben. Und dann war da noch mein Chef, der unbedingt die neuesten Anmeldezahlen für das kommende Schuljahr vergleichen wollte. Ich habe also nicht wirklich viel Zeit, um mit euch heute ein Teamspiel zu machen. Aber weil ich ja weiß, mit welcher Begeisterung ihr bei unseren Aktionen dabei seid, biete ich euch an, das schnellste Kartenspiel der Welt zu spielen. Das ist besser als Nichts, das findet ihr doch bestimmt auch … oder?“

Abb. 20: Wie schnell werden die Karten wohl abgelegt?

Gefahrentransport

Wo: Schulflur, Turnhalle
Dauer: 45 Minuten
Jahrgang: ab Klasse 1
Material: Bettlaken, Nudelsieb, Tischtennisbälle

Anleitung: Bei dieser Aktion bekommt die Klasse die Aufgabe, ein mit Tischtennisbällen gefülltes Nudelsieb durch Anheben eines Bettlakens über eine bestimmte Distanz zu transportieren. Das Nudelsieb darf während des Transports nicht umfallen, und kein Tischtennisball darf verloren gehen. Es ist also wichtig, dass die Schüler mit Geschick und Rücksicht auf jeden einzelne Mitschüler an diese Aufgabe herangehen. Nur wenn die

Gruppe ruhig und mit einem gewissen Maß an Vorsicht und Konzentration agiert, kann diese Herausforderung gelingen.

Hinweis: Um den Schwierigkeitsgrad dieser Aktion zu verringern, kann man anstelle eines Nudelsiebs auch eine Kunststoffschüssel mit einem Durchmesser von ca. 25 cm nehmen. Je größer der Bodendurchmesser der Schüssel ist, desto stabiler steht die Schüssel während des Transports.

Geschichte: „Gestern, am späten Nachmittag, kam hier an unserer Schule einer von diesen riesigen Lkws vorbei. Das war so einer, mit dem ganz gefährliche Pakete und Behälter transportiert werden. Als der Lkw genau vor unserem Schultor vorbeifuhr, rannte plötzlich eine Katze über die Straße und der Lkw-Fahrer musste eine Vollbremsung hinlegen. Dabei fiel ihm dieser Behälter hier von der Ladefläche. Der Lkw-Fahrer hat das gar nicht bemerkt und fuhr einfach weiter. Zum Glück habe ich mir sein Nummernschild gemerkt und konnte so herausfinden, zu welcher Firma der Lkw gehört. Natürlich habe ich dort dann auch sofort angerufen, damit die Firma sich ihren Behälter wieder abholen kann. Aber leider kommt von denen in der nächsten Zeit kein Lkw mehr hier bei uns vorbei. Deshalb müssen wir den Behälter an einen sicheren Ort transportieren. Doch das schaffe ich nicht alleine. Dafür brauche ich unbedingt eure Hilfe."

Sitz!

Wo: Klassenzimmer
Dauer: 45 Minuten
Jahrgang: ab Klasse 2
Material: –

Anleitung: Jeder Schüler stellt sich hinter seinen Stuhl an seinem Platz. Die Aufgabe für die Schüler besteht nun darin, sich nacheinander hinzusetzen. Dabei dürfen sich nie mehrere Schüler gleichzeitig hinsetzen, und es darf während der Aktion nicht gesprochen werden. Setzen sich doch mehrere Schüler gleichzeitig oder spricht ein Schüler, beginnt die Aufgabe von vorn.

Diese Aufgabe kann in mehreren Durchgängen gespielt werden. Zu Beginn dürfen die Schüler das Tempo des Nacheinander-Hinsetzens frei wählen. In den folgenden Runden kann ein Zeitlimit von beispielsweise zehn, fünf oder drei Sekunden vorgegeben werden, in dem sich immer ein weiterer Schüler gesetzt haben muss. Dabei übernimmt die Spielleitung die Kontrolle der verstrichenen Zeit, indem sie mit den Fingern die verstrichene Zeit anzeigt.

Hinweis: Um die Anforderungen zu erhöhen, kann eine weitere Bedingung sein, dass sich immer abwechselnd ein Mädchen und dann ein Junge setzen müssen. Ebenso könnte bei einem Fehlversuch vereinbart werden, dass ein Schüler der Klasse „erblindet“ (hierzu wird dann eine Augenbinde benötigt) und die Aufgabe für diesen Schüler ohne den Sehsinn weiter gespielt werden muss. Da während der Aktion nicht gesprochen werden darf, kann der erblindete Schüler beispielsweise durch ein körperliches Signal seines Nachbarn darauf hingewiesen werden, dass er nun an der Reihe ist. Um für das Problem der Erblindung eine Lösung zu finden, sind der Kreativität der Schüler keine Grenzen gesetzt, solange nicht gesprochen wird.

Geschichte: „Der Hund ist des Menschen bester Freund, sagt eine deutsche Redensart. Wer von euch zu Hause einen Hund hat, der sieht das vermutlich ganz genauso. Wir bringen unseren Hunden ja auch gerne kleine Kunststückchen bei oder kleine Befehle, auf die sie in bestimmten Situationen reagieren und vor allem gehorchen sollen. Ob ein Hund das tatsächlich so toll findet, was wir ihm alles so beibringen möchten, wissen wir nicht. Aber ich dachte mir, wir könnten einmal ausprobieren, wie es so ist, wenn einer einen Befehl gibt und die anderen diesen ausführen müssen. Deshalb habe ich euch heute das Spiel ‚Sitz!‘ mitgebracht.“

Rechts, links, rechts, links …

Wo: Turnhalle
Dauer: 45 Minuten
Jahrgang: ab Klasse 2
Material: drei Turnbänke

Anleitung: Die Turnbänke werden in der Mitte der Turnhalle platziert. Die Klasse teilt sich in zwei gleich große Gruppen auf. Diese stellen sich jeweils nebeneinander auf eine der äußeren Bänke. Zwischen den beiden Gruppen auf den Bänken sollte eine Lücke von ca. 1 m frei bleiben, die im weiteren Spielverlauf dazu dient, dass die beiden Gruppen aneinander vorbei die Seiten wechseln können. Dabei soll kein Schüler herunterfallen und den Boden berühren. Geschieht dies doch, beginnt die Aufgabe von vorn.

Hinweis: Als Einstieg in diese Übung kann die Aktion abgewandelt werden, indem zunächst einmal zwei Schüler versuchen, auf der Bank aneinander vorbeizukommen. Gerade bei jüngeren Klassen kann dies von Vorteil sein. Wenn der Schulhof über entsprechende Klettergerüste verfügt, kann die Aktion auch in einer der Varianten draußen durchgeführt werden (Abb. 21).

Geschichte: „Mir ist aufgefallen, dass einige von euch immer noch Schwierigkeiten haben, rechts von links zu unterscheiden. Daher werden wir heute eine kleine Übung dazu machen, damit ihr in Zukunft damit klarkommt. Ihr müsst euch dafür nur rechts und links auf die Bänke stellen und dann nach links und rechts tauschen. Wenn ihr dann zunächst rechts gestanden habt, steht ihr später links, und wenn ihr links gestanden habt, steht ihr dann rechts. Somit hat jeder einmal rechts und links gestanden, und jeder weiß, wie es ist, rechts und links zu stehen und von links nach rechts und von rechts nach links gewechselt zu haben. Und wer dann noch nicht weiß, wo rechts und links ist, der macht die Übung einfach nochmal."

Abb. 21: Aneinander vorbei, ohne herunterzufallen

Ab nach Hause

Wo: Klassenzimmer
Dauer: 45 Minuten
Jahrgang: ab Klasse 2
Material: pro Schüler ein Stuhl, Musik

Anleitung: Diese Aktion basiert auf dem bekannten Spiel „Die Reise nach Jerusalem". Einziger, jedoch entscheidender Unterschied ist, dass bei dieser Variante kein Schüler ausscheidet. Zu Beginn werden je zwei Stühle mit den Rückseiten aneinander aufgestellt und die Stuhlpaare in einer Reihe nebeneinander platziert. Jeder Schüler setzt sich auf einen Stuhl. Die Musik wird gestartet, und jeder Schüler wandert im Uhrzeigersinn um die Stuhlreihe herum. Während die Schüler in Bewegung sind, wird ein Stuhl aus der Reihe entfernt. Wenn die Musik stoppt, müssen alle Schüler auf den verbleibenden Stühlen einen Platz finden. Dementsprechend müssen sich nun zwei Schüler einen Stuhl teilen. Von Runde zu Runde wird immer ein weiterer Stuhl entfernt, wobei die Aufgabe die gleiche bleibt: Alle Schüler der Klasse müssen auf den restlichen Stühlen untergebracht werden (Abb. 22).

Abb. 22: Alle Schüler müssen einen Platz finden.

Hinweis: Wie die Schüler auf den Stühlen Platz finden müssen, sollte sich daran orientieren, was die Klasse zu leisten in der Lage ist. Bei Klassen der Jahrgangsstufe 2 können die Schüler die Aufgabe lösen, indem jeder Schüler einen bis zwei Mitschüler auf den Schoß nimmt. Ab Klasse 3 kann beispielsweise als weitere Regel eingeführt werden, dass die Schüler, wenn sie Platz genommen haben, den Boden nicht berühren dürfen. Die Schüler werden sich dann auf die Stühle stellen. Hierbei muss die Spielleitung besonders aufmerksam sein und erkennen, wann der Punkt erreicht ist, an dem die Aufgabe für die Klasse besser enden sollte.

Geschichte: „Ich weiß ja nicht, wie ihr es so seht, aber ich finde, wir sind nun wirklich lange genug in Jerusalem gewesen. Es wird höchste Zeit, dass wir die Heimreise antreten. Also, auf geht's, ab nach Hause mit euch! Aber Vorsicht, die Hinreise war ja schon spannend und nervenaufreibend. Doch ich befürchte, die Rückreise wird noch um einiges erlebnisreicher!"

Eingeklemmt

Wo: Schulhof, Turnhalle
Dauer: 45 Minuten
Jahrgang: ab Klasse 2
Material: mehrere Bierdeckel

Anleitung: Für diese Aktion finden sich die Schüler paarweise zusammen. Jedes Paar bekommt einen Bierdeckel, der zwischen die Handaußenflächen der Schüler geklemmt wird. Die Paare müssen nun eine festgelegte Strecke über das Schulgelände zurücklegen, ohne dass dabei der Bierdeckel herunterfällt (Abb. 23). Geschieht dies doch, beginnt die Aufgabe für das Paar von Neuem.

Hinweis: Diese Aktion eignet sich besonders dann für den Schulhof, wenn das Gelände mit Klettergerüsten, Turnstangen oder Ähnlichem interessante und herausfordernde Hindernisse bietet. In der Turnhalle kann mithilfe von verschiedenen Geräten und Gegenständen ein entsprechender Parcours aufgebaut werden. Wird die Aktion zum wiederholten Male durchgeführt, kann der Schwierigkeitsgrad gesteigert werden, indem ein oder beide Schüler mithilfe einer Augenbinde „erblinden".

Geschichte: „Oh je, oh je, mir geht es heute nicht so richtig gut. Irgendwie kann ich mich nicht wirklich gut bewegen. So wie es aussieht, habe ich mir wohl bei einer hastigen Bewegung einen Nerv eingeklemmt. Es schmerzt zwar eigentlich nicht, aber in meiner Bewegungsfreiheit bin ich doch ganz schön eingeschränkt. Ihr könnt euch vielleicht vorstellen, dass das nicht ganz so angenehm ist. Und für den Fall, dass ihr wissen wollt, wie sehr ich in meiner Bewegung beeinträchtigt bin, habe ich euch eine kleine Herausforderung mitgebracht.“

Abb. 23: Der Bierdeckel darf nicht herunterfallen.

Abwärts!

Wo: Schulhof, Turnhalle
Dauer: 45 Minuten
Jahrgang: ab Klasse 2
Material: zwei Besenstiele

Anleitung: Die Klasse wird in zwei gleich große Gruppen geteilt. Jede Gruppe erhält einen Besenstiel. Die Schüler der jeweiligen Gruppe stellen sich gegenüber auf und halten die Zeigefinger vor sich auf Brusthöhe. Die Spielleitung legt nun den Besenstiel auf den Zeigefingern der Schüler ab. Die Aufgabe besteht darin, dass die Schüler den Besenstiel gemeinsam auf dem Boden ablegen, ohne dass einer von ihnen den Kontakt zum Besenstiel verliert.

Hinweis: Bei dieser Übung handelt es sich nicht um ein Wettspiel. Dies muss den Schülern vor Spielbeginn mitgeteilt werden. Jede Gruppe arbeitet für sich in ihrem individuellen Tempo. Erfahrungsgemäß wandert der Stab in den ersten Versuchen nach oben und nicht nach unten. Grund hierfür ist die Vorgabe, dass kein Schüler den Kontakt zum Besenstiel verlieren darf. Die Schüler drücken dadurch unbewusst leicht gegen den Besenstiel und verursachen somit die Aufwärtsbewegung.

Geschichte: „Heute werden wir einmal testen, ob ihr tatsächlich den Unterschied zwischen ‚aufwärts' und ‚abwärts' kennt. Ja, ihr habt richtig gehört. Ihr braucht mich auch gar nicht so kritisch anzuschauen. Ich bin mir da nämlich ehrlich gesagt gar nicht so sicher."

Arme kleine Wolke

Wo: Klassenzimmer
Dauer: 45 Minuten
Jahrgang: ab Klasse 2
Material: ein Strohhalm pro Schüler, ein Wattebausch

Anleitung: Die Schüler stellen sich in einer Reihe nebeneinander auf und erhalten jeweils einen Strohhalm. Die Aufgabe für die Schüler besteht darin, den Wattebausch durch Ansaugen mit dem Strohhalm von Schüler zu Schüler weiterzugeben, bis dieser am anderen Ende der Reihe angekommen ist (Abb. 24). Während der Aktion darf der Wattebausch nicht herunterfallen, da ansonsten die Aufgabe von Neuem beginnt.

Hinweis: Als schwierigere Variante kann diese Aktion auch in der Form gespielt werden, dass jeder Schüler an seinem Platz sitzen bleibt. Einem Schüler wird dann der Wattebausch auf den Tisch gelegt. Nun saugt der Schüler den Wattebausch mit dem Strohhalm an und übergibt ihn seinem Tischnachbarn, der dann wiederum an den nächsten Tischnachbarn übergibt. Je nachdem, wie die Tischanordnung in der Klasse gestaltet wurde, müssen die Schüler vor der Übergabe an einen Mitschüler von ihrem Platz aufstehen und zu einer anderen Tischreihe oder an eine andere Tischgruppe gehen. Die Reihenfolge sollten die Schüler dann in der Planungsphase festlegen.

Geschichte: „Schaut mal was ich euch mitgebracht habe. Heute Morgen, als ich durch das Schultor kam, da lag neben dem Klettergerüst diese kleine Wolke. Es muss noch eine sehr junge Wolke sein, denn ich habe gehört, dass jungen Wolken manchmal auf ihren langen Reisen am Himmel die Puste ausgeht und sie vor Erschöpfung einfach herunterfallen. Dann sind sie auf uns Menschen angewiesen, dass wir sie einen Stück auf ihrer Reise begleiten und sie wieder zu Kräften kommen können. Also lasst uns keine Zeit verlieren und dieser kleinen Wolke mit vereinten Kräften helfen."

Abb. 24: Die Watte wird von Schüler zu Schüler weitergegeben.

Auf Biegen und Brechen

Wo: Turnhalle
Dauer: 45 Minuten
Jahrgang: ab Klasse 2
Material: viele Blätter Papier

Anleitung: Vor Beginn der Aktion verteilt die Spielleitung pro Schüler ein Blatt Papier in einer Hälfte der Turnhalle. Anschließend können die Schüler die Turnhalle betreten und sich jeweils auf ein Blatt Papier stellen. Steht jeder Schüler auf einem Blatt Papier, beginnt die Spielleitung damit, nach und nach weitere Blätter in dem Spielbereich zu verteilen. Die Aufgabe für die Schüler besteht darin, dass jedes weitere Blatt Papier mit einem Körperteil eines Schülers berührt wird. Dabei darf zu keinem Zeitpunkt der Turnhallenboden berührt werden oder der Kontakt zu einem bereits berührten Blatt Papier verloren gehen (Abb. 25). Geschieht einer dieser Fehler, so beginnt die Aufgabe von vorne.

Hinweis: Bei dieser Aufgabe müssen die Schüler sich im Vorfeld gut besprechen und ihr Handeln abstimmen. Daher sollte ausreichend Zeit für die Planungsphase eingeräumt werden. Während der Durchführung wird von den Schülern viel Geschicklichkeit und Beweglichkeit verlangt, was zu Unruhe, Hektik und Fehlern führen kann. Gegebenenfalls muss dann eine Zwischenreflexion oder eine erneute Planungsphase eingeschoben werden.

Geschichte: „Gestern habe ich mit eurer Parallelklasse eine Aktion durchgeführt, bei der sie richtig gut als Team zusammengearbeitet hat. Nach der Aktion hat sich die Klasse dann quasi selbst gefeiert und sich aufgeführt, als seien sie die einzige Klasse, die diese Aufgabe lösen könnte. Ich habe ihnen dann erzählt, dass eine andere Klasse die Aktion auch schon gemeistert habe. Natürlich wollten die Schüler wissen, welche Klasse das denn sei, und ich habe gesagt, dass ihr es gewesen seid. Deshalb werden wir heute auch unbedingt diese Aktion durchführen und ihr müsst diese auf Biegen und Brechen, also unbedingt auch meistern. Also los geht's, zeigt eurer Parallelklasse was ihr drauf habt!"

Abb. 25: Jedes Blatt muss berührt werden.

Das Teamband

Wo: Schulhof
Dauer: 45 Minuten
Jahrgang: ab Klasse 2
Material: eine Rolle Toilettenpapier

Anleitung: Die Klasse erhält zunächst die Aufgabe, eine Rolle Toilettenpapier komplett abzurollen, ohne dass das Toilettenpapier an einer Stelle reißt. Anschließend muss die Klasse das Papierband auf einer festgelegten Strecke über das Schulgelände transportieren. Dabei muss jeder Schüler das Papierband an einer Stelle festhalten, und es darf auch beim Transport nicht reißen (Abb. 26).

Abb. 26: Das Teamband darf nicht reißen.

Hinweis: Die Strecke, die von der Klasse zurückgelegt werden muss, kann beispielsweise unter Kletterstangen hindurch, über Treppen oder im Slalom um eine Baumreihe herum führen. Je abwechslungsreicher die

Strecke ist, desto herausfordernder wird die Aufgabe. Auch ein Wechsel vom Schulhof ins Schulgebäude kann eingebaut werden.

Geschichte: „Ihr habt nun bereits einige Herausforderungen gemeistert. Einige dieser Aufgaben habt ihr mit links gemeistert, andere haben euch beinahe zur Verzweiflung getrieben. Doch eines haben all diese Herausforderungen gemeinsam bei euch bewirkt: Sie haben euch zu einer Einheit werden lassen. Ihr seid jetzt ein Team, verbunden durch ein unsichtbares Band, das euch durch Dick und Dünn begleitet. Heute machen wir dieses Band einmal sichtbar und werden gleichzeitig herausfinden, wie rücksichtsvoll ihr mit eurem Teamband umgehen könnt."

Platzwechsel

Wo: Klassenzimmer
Dauer: 45 Minuten
Jahrgang: ab Klasse 2
Material: –

Anleitung: Für diese Aktion sitzen die Schüler an ihrem Platz in der Klasse. Die Aufgabe besteht darin, den eigenen Sitzplatz mit dem eines Klassenkameraden zu tauschen, sodass am Ende der Aktion kein Schüler mehr auf dem eigenen Platz sitzt. Die Paarfindung darf nur per Augenkontakt erfolgen, d.h., es darf während der Aktion nicht gesprochen werden, und es dürfen immer nur zwei Schüler gleichzeitig im Klassenzimmer in Bewegung sein.

Hinweis: Die Planungsphase darf für diese Aktion ruhig etwas mehr Zeit in Anspruch nehmen. Da während der Aktion nicht gesprochen werden darf, ist es in dieser Phase umso wichtiger, dass die Schüler sich ausgiebig austauschen um sich auf eine Vorgehensweise zu einigen. Wenn die Schüler eine gute Strategie entwickelt haben, wird die eigentliche Durchführung nicht mehr allzu viel Zeit beanspruchen.

Geschichte: „Eine Sache wollte ich euch schon immer einmal gefragt haben: Findet ihr es nicht auch total langweilig, jeden Tag auf dem gleichen Platz zu sitzen? Gut, ab und zu wechselt sich ja die Sitzordnung in eurer Klasse. Aber eigentlich ist es ja viel abwechslungsreicher, wenn man öfter den Sitzplatz wechselt. Denn durch einen häufigeren Wechsel lernt man doch seine Klassenkameraden viel besser kennen. Außerdem sieht so ein Klassenzimmer ja auch aus jeder Ecke irgendwie ein klein wenig anders aus. Das würde doch viel mehr Abwechslung in euren Schultag bringen.

Wisst ihr was, wir machen das jetzt einfach. Wir wechseln unsere Plätze. Und damit es dabei auch noch ein wenig mehr Spaß macht, bauen wir einfach noch ein paar Hindernisse mit ein."

Auf den ersten Blick

Wo: Turnhalle
Dauer: 45 Minuten
Jahrgang: ab Klasse 2
Material: ein Gymnastikreifen pro Schüler, ein Ball

Anleitung: Die Gymnastikreifen werden in einer Reihe dicht an dicht gelegt, und jeder Schüler stellt sich in einen Reifen hinein. Die Klasse erhält nun die Aufgabe, den Ball von dem ersten Schüler bis zum letzten Schüler weiterzugeben und dabei nicht die Hände oder Arme zu verwenden (Abb. 27). Außerdem darf der Ball zu keinem Zeitpunkt den Boden berühren, da ansonsten der Versuch als gescheitert gilt.

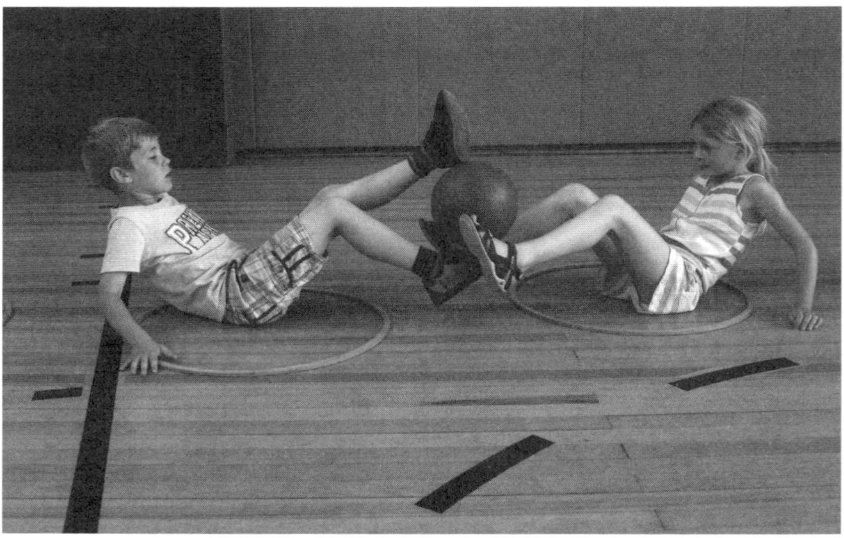

Abb. 27: Der Ball wird mit den Füßen weitergegeben.

Hinweis: Die Schüler werden schnell auf die Idee kommen, dass der Ball unter diesen Bedingungen nur mit den Füßen weitergegeben werden kann. Häufig empfinden sie dies als nicht sonderlich schwierig. Erst während der Durchführung werden sie erkennen, dass auch für diese Art der

Weitergabe eine gewisse Technik entwickelt werden muss. Je nachdem, wie fit die Klasse ist, sollte ihnen die Möglichkeit einer Zwischenreflexion eingeräumt werden. Der Schwierigkeitsgrad dieser Aufgabe kann durch die Wahl des Balls beeinflusst werden. Die Erfahrung hat gezeigt, dass ein Softball leichter weiterzugeben ist als beispielsweise ein Fuß- oder Volleyball.

Geschichte: „Der schnellste Weg von einem Ort zum nächsten ist eine gerade Strecke. Es sei denn, es stehen zu viele Hindernisse im Weg, sodass man einen Umweg in Kauf nehmen muss. Oder aber man hat es mit unerwarteten Schwierigkeiten zu tun, die einen zum Umdenken zwingen. Heute habe ich eine Aufgabe für euch, bei der die Lösung sehr einfach zu sein scheint. Aber nur auf den ersten Blick."

Teamzentrale

Wo: Klassenzimmer
Dauer: 45 Minuten
Jahrgang: ab Klasse 2
Material: Tafel, Kreide

Anleitung: In der Vorbereitung für diese Aktion wird ein Haus auf einen Flügel der Tafel gezeichnet. Die Aufgabe für die Klasse besteht darin, dieses Haus, die Teamzentrale, möglichst originalgetreu nachzuzeichnen. Dabei müssen die Schüler während der Planungsphase berücksichtigen, dass jeder Schüler mindestens einmal an der Erstellung der Zeichnung beteiligt wird, dabei jeweils lediglich eine waagerechte oder senkrechte Linie zeichnen darf und diese auch ohne Absetzen der Kreide durchziehen muss (Abb. 28). Da die Zahl der Linien nicht zwangsläufig mit der Anzahl der Schüler einer Klasse übereinstimmen wird, muss ihnen auffallen, dass einige ihrer Klassenkameraden ein zweites Mal zum Einsatz kommen müssen. Nach welchen Kriterien diese Schüler ausgewählt werden, bleibt der Gruppe oder dem Teamkapitän vorbehalten.

Hinweis: Je nach Klassenstufe kann man leichte Veränderungen im Regelwerk vornehmen, um den Schwierigkeitsgrad der Aufgabe zu reduzieren bzw. zu erhöhen. Beispielsweise kann man die Vorgabe aufheben, dass beim Zeichnen der Linien die Kreide nicht abgesetzt werden darf. Oder man erhöht den Schwierigkeitsgrad für höhere Klassen, indem kein Schüler der Klasse zweimal zur Tafel kommen darf, dafür aber auch Linien mit Richtungswechsel erlaubt sind. Hier ist eine sehr detaillierte und durchdachte Planungsphase der Klasse unumgänglich.

Geschichte: „Wir sind ja mittlerweile bereits im zweiten Schuljahr angekommen, und so langsam wird es Zeit, dass wir uns mit der Planung einer Teamzentrale beschäftigen. Ich habe mir da schon einmal ein paar Gedanken gemacht und euch einen Entwurf vorbereitet. Doch als Team beteiligen wir uns ja immer gemeinsam an unseren Projekten. Deshalb werdet ihr nun alle gemeinsam den endgültigen Entwurf für unsere Teamzentrale erstellen."

Abb. 28: Die Teamzentrale entsteht.

Turmbau rückwärts

Wo: Gruppenraum, Klassenzimmer
Dauer: 60 Minuten
Jahrgang: ab Klasse 2
Material: Outdoor-Riesenmikado, zwei große Teppiche oder mehrere Spielteppiche

Anleitung: Die Mikadostäbe werden auf einem Teppich zu einem Turm gestapelt. Dabei werden immer im Wechsel zwei Stäbe waagerecht und zwei Stäbe senkrecht aufgelegt. Die Klasse bekommt die Aufgabe, den

Turm abzubauen und auf einem weiteren Teppich wieder neu aufzubauen (Abb. 29). Die Mikadostäbe sollen dabei immer zu zweit angehoben und wieder abgelegt werden. Zusätzlich müssen die Schüler darauf achten, dass sich die unteren Mikadostäbe während der Durchführung nicht bewegen. Bewegt sich einer der unteren Stäbe, ist der aktuelle Versuch verloren, und ein neuer beginnt.

Hinweis: Je nach Qualität der Mikadostäbe wird der Turm recht wackelig sein. Daher kann man die Aufgabe entschärfen, indem ein leichtes Wackeln beim Abbau des Turms erlaubt ist. Der Wiederaufbau lässt die verschärfte Regelung aber durchaus zu.

Geschichte: „Habt ihr gestern auch diesen unglaublich hohen und spektakulär gebauten Turm in der Bauecke unseres Gruppenraums gesehen? Nein?! Also ich kann euch sagen, da habt ihr echt was verpasst. Obwohl, wenn ich es mir recht überlege … einen Turm bauen kann ja quasi jeder. Aber wisst ihr, was echt beeindruckend ist? Einen Turmbau rückwärts! Habt ihr davon schon mal gehört? Nein?! Ich glaub es ja nicht! Das ist der Trend Nummer eins im Moment! Kommt, lasst es uns doch direkt einmal probieren!“

Abb. 29: Mit Fingerspitzengefühl wird der Turm abgebaut.

Ballonreise

Wo: Turnhalle, Schulhof
Dauer: 45 Minuten
Jahrgang: ab Klasse 2
Material: ein bis vier Luftballons

Anleitung: Vor Beginn der Aktion werden die Luftballons aufgeblasen. Die Klasse stellt sich in einem Kreis auf und hält sich dabei an den Händen. Nun wird der erste Ballon einem der Schüler zugespielt. Die Aufgabe besteht darin, dass der Luftballon permanent in der Luft gehalten werden muss und nicht zu Boden fallen darf. Dabei dürfen die Schüler den durch die Hände verbundenen Kreis nicht lösen. Ansonsten können sie alle Körperteile nutzen, um die Aufgabe zu lösen.

Hinweis: Wenn die Klasse ein System gefunden hat, den Luftballon über einen Zeitraum von ca. einer Minute in der Luft zu halten, kann ein zweiter Ballon ins Spiel gebracht werden. Gelingt dies ebenfalls, so können dann auch noch der dritte und ggf. der vierte Luftballon ins Spiel gebracht werden.

Geschichte: „In den Sommermonaten kann man in den frühen Morgenstunden sowie kurz vor Sonnenuntergang verstärkt Heißluftballons am Himmel schweben sehen. Tagsüber können sie nicht starten, da die Thermik – das sind Aufwinde, die durch die Sonneneinstrahlung entstehen – eine Gefahr für den Heißluftballon darstellen. Wie gut, dass ein ganz normaler Luftballon jederzeit zum Einsatz kommen kann. Den kann man jederzeit zum Schweben bringen. Genau das wollen wir dann jetzt auch einmal versuchen. Und wer weiß, vielleicht schaffen wir es sogar unter den folgenden Bedingungen, mehrere Ballons gleichzeitig in der Luft zu halten."

Zurück ins Nest

Wo: Schulhof, Turnhalle
Dauer: 60 Minuten
Jahrgang: ab Klasse 2
Material: ein 20 l Eimer, Tennisbälle entsprechend der Klassenstärke, ein langes Seil

Anleitung: Der Eimer wird mithilfe des Seils an einem Baum aufgehängt. Die Höhe sollte ca. 2 m betragen. Jeder Schüler bekommt nun einen Tennisball, den er in den Eimer werfen soll (Abb. 30). Die Spielleitung stoppt während der Durchführung die Zeit, die die Klasse für diese Aufgabe benötigt. Ziel ist es, in mehreren Durchgängen die vorgelegte Zeit zu unterbieten. Dabei entscheidet die Klasse eigenständig, wann eine erreichte Zeit nicht mehr unterboten werden kann.

Abb. 30: Gemeinsam wird die Aufgabe gemeistert.

Hinweis: Die Aktion kann auch in der Turnhalle angeboten werden. Hier kann der Eimer beispielsweise an den Turnringen befestigt und auf die gewünschte Höhe gezogen werden. Ebenso ist es möglich, einen Basketballkorb zu nutzen, indem man das Netz am offenen Ende zubindet. Bei Klassen der Jahrgänge 3 und 4 kann man grundsätzlich überlegen, ob der Eimer höher gehängt wird.

Geschichte: „Oh je, was ist denn hier passiert?! Wer hat denn die ganzen Vogeleier aus dem Nest geworfen?! Kinder, schaut doch mal nach, ob eines der Eier zerbrochen ist. (Jeder Schüler nimmt sich einen Tennisball.) Und, wie sieht es aus? Ist ein Ei zerbrochen? Nein? Puh, da war aber ganz schön viel Glück im Spiel. Damit die Vogelmutter sich nicht erschreckt, wenn sie zurückkommt, schlage ich vor, dass wir die Eier zurück ins Nest werfen. Dafür brauchen wir aber viel Konzentration und Geschick, damit jedes Ei auch wirklich im Nest landet. Und ich befürchte, viel Zeit werden wir dafür auch nicht haben, denn die Vogelmutter kommt bestimmt bald zurück. Also los, lasst uns keine Zeit verlieren.“

Vier in einer Reihe

Wo: Schulhof
Dauer: 45 Minuten
Jahrgang: ab Klasse 2
Material: Kreide, jeweils 21 rote und gelbe Luftballons, Reis

Anleitung: Für die Herstellung der Spielsteine werden im Vorfeld die Luftballons mit Reis befüllt. Das Spielfeld wird mit Kreide auf den Schulhof gemalt. Insgesamt müssen sechs Reihen mit je sieben Feldern à 30 × 30 cm entstehen. Diese Aktion spielt die Klasse gegen die Fachkraft. Die Regeln sind identisch mit dem gleichnamigen Gesellschaftsspiel. Ziel ist es, als erstes Team vier gleichfarbige Luftballons in einer waagerechten, senkrechten oder diagonalen Linie innerhalb des Spielfelds zu platzieren (Abb. 31). Die Schüler dürfen sich vor jeder Platzierung beraten. Jeder Schüler darf maximal einen Spielstein in dem Spielfeld platzieren und im Anschluss nicht mehr als Berater tätig sein. Gespielt werden drei Runden.

Abb. 31: Gemeinsam Strategien entwickeln

Hinweis: Um für höhere Jahrgänge den Schwierigkeitsgrad zu erhöhen, kann man für die Absprachen ein Redeverbot verhängen oder das Betreten des Spielfeldes untersagen. Somit müssten die Spielsteine per Wurf in den gewünschten Spielfeldern platziert werden.

Geschichte: „Liebe Kinder, ich habe gehört, dass eure Klasse ziemlich gut in dem Spiel ‚Vier in einer Reihe' ist. Nun ja, vor euch seht ihr den amtierenden Weltmeister im ‚Vier in einer Reihe'-Spielen. Ich bin seit nunmehr 5831 Spielen ungeschlagen. Wenn ihr also wissen wollt, wie gut ihr tatsächlich seid, dann solltet ihr mal versuchen, mich zu besiegen. Ich will euch ja nicht entmutigen, aber ein Sieg gegen mich ist quasi unmöglich. Aber bitte … nur zu … versucht euer Glück. Ich kenne keine Gnade!"

Hochstapler

Wo: Klassenzimmer
Dauer: 45 Minuten
Jahrgang: ab Klasse 2
Material: Sitzteppich, Federmäppchen der Schüler

Anleitung: Die Aufgabe besteht darin, so viele Federmäppchen wie möglich auf dem Rücken eines Klassenkameraden zu einem Turm zu stapeln, ohne dass dieser umfällt (Abb. 32). Hierzu wird zunächst ein Freiwilliger aus den Reihen der Schüler ausgesucht, der sich auf dem Spiel-/Sitzteppich auf alle Viere begibt und in dieser Position den Rücken möglichst gerade und den gesamten Körper möglichst ruhig halten kann. Im zweiten Schritt wird der Teamkapitän ausgewählt. Er muss dafür Sorge tragen, dass die Schüler einzeln und der Reihe nach zum Stapeln ihres Federmäppchens an den Spielort kommen. In der Regel stürzt der Turm im ersten Versuch nach nur wenigen Federmäppchen ein. An dieser Stelle sollte die Klasse noch einmal überlegen, worin die Schwierigkeiten liegen und wie man nach dieser Erfahrung weiter vorgehen möchte. Zusätzlich dürfen die Schüler jetzt gemeinsam einschätzen, wie viele Federmäppchen sie stapeln können, ohne dass der Turm wieder umfallen wird. Somit setzen sie sich ihr individuelles Gruppenziel, welches sie als Team erreichen wollen.

Hinweis: Um ein Gespür dafür zu bekommen, welche Herausforderung diese Aufgabe mit sich bringt, kann zunächst auch der gesamte Rücken des knienden Schülers gleichmäßig mit Federmäppchen belegt werden. Somit ist die Grundfläche größer, und der Turm wird nicht allzu hoch. Eine weitere Möglichkeit ist, den Turm nicht auf dem Rücken eines Schülers, sondern lediglich auf dem Teppich entstehen zu lassen.

Geschichte: „Heute hab ich in der Zeitung gelesen, dass eine Klasse der ‚Möchtegern-Schule' behauptet, sie hätten den Weltrekord im Federmäppchen-Stapeln aufgestellt. Doch ein pfiffiger Reporter des Magazins ‚Denkste!' hat nach intensiven Nachforschungen den Betrug aufgedeckt. Nun sucht dieses Magazin den tatsächlichen Weltrekordhalter im Stapeln von Federmäppchen. Jede Grundschulklasse kann sich um diesen Titel bewerben. Ich finde, das ist doch genau die richtige Aufgabe für uns, findet ihr nicht auch?"

Abb. 32: Mit Konzentration immer höher

Domino Challenge

Wo: Klassenzimmer
Dauer: 60 Minuten
Jahrgang: ab Klasse 2
Material: 500 Dominosteine, Malerkreppband

Anleitung: Die Schüler finden sich paarweise zusammen. Anschließend wird jedem Paar ein 50 cm langer, mit Malerkreppband markierter Streckenabschnitt einer Dominostrecke zugewiesen. Die Aufgabe besteht nun darin, die zugewiesene Strecke mit Dominosteinen zu bestücken. Am Ende soll aus allen Teilstrecken eine Gesamtstrecke entstehen, sodass eine perfekte Domino-Kettenreaktion erfolgen kann.

Hinweis: Klassen der Jahrgangsstufen 3 und 4 kann man auch die Planung des Streckenverlaufs überlassen. Auch die Streckenlänge kann man bei höheren Jahrgängen verlängern und somit den Schwierigkeitsgrad erhöhen.

Geschichte: „Ladies and Gentlemen, herzlich willkommen zu einer neuen Ausgabe von ‚Domino Challenge'. Heute erleben Sie die Klasse 2b bei ihrem Versuch, den Schulrekord in einer Domino-Kettenreaktion zu brechen. Dafür muss die Klasse nichts weiter tun, als die einzelnen Streckenabschnitte mit Dominosteinen zu füllen, um letztendlich den perfekten Dominoeffekt zu erzielen. Gelingt es ihnen, gehört der Schulrekord der 2b. Aber genug geredet, lassen wir die Challenge beginnen. Ich wünsche der Klasse 2b viel Glück und vor allem eine ruhige Hand."

Panzerknacker

Wo: Aula, Turnhalle, Schulhof
Dauer: 45 Minuten
Jahrgang: ab Klasse 2
Material: ausreichend Malerkrepp, Verkehrskegel, Wegplan

Anleitung: Auf einer freien Fläche wird mithilfe des Malerkrepps ein Quadrat von 3 × 3 m abgeklebt. Innerhalb des Quadrats werden kleinere Felder im Maß 50 × 50 cm abgeklebt. Nun werden an dem Spielfeld die Start- und Zielseite gekennzeichnet, beispielsweise mit einem Verkehrskegel. Auf einem separaten Plan zeichnet sich die Schulleitung einen Weg in das Spielfeld hinein. Dieser Weg soll von den Schülern nun durch Ausprobieren herausgefunden werden. Dabei betritt zunächst der erste Schüler ein willkürlich gewähltes Feld. Ist dieses Feld ein Teil des festgelegten Wegs, darf der Schüler ein weiteres Feld aussuchen (Abb. 33). Ist das Feld jedoch kein Teil des Wegs, so bekommt ein weiterer Schüler die Gelegenheit zum Ausprobieren. Beim Durchqueren des Spielfelds ist darauf zu achten, dass lediglich waagerechte und senkrechte Wegstrecken erlaubt sind. Diagonale Wege kommen nicht in Frage. So finden die Schüler nach und nach den richtigen Weg durch das Spielfeld heraus. Ist der Weg von dem ersten Schüler vollständig durchlaufen, sind nun noch alle anderen Schüler dran, genau den gleichen Weg zu absolvieren. Passiert währenddessen ein Fehler, müssen alle Schüler, auch die, die bereits angekommenen waren, wieder zurück, und die Aufgabe beginnt von vorne.

Hinweis: Bei dieser Aktion kann der Schwierigkeitsgrad erhöht werden, indem bei Fehlern der entsprechende Schüler mit einer Augenbinde „erblindet" und dann das Spielfeld mithilfe von Ansagen seiner Mitschüler durchlaufen muss. Diese Variante ist eher für Klassen der Jahrgangsstufen 3 und 4 geeignet, kann bei entsprechender „Kondition" aber auch bereits ab Klasse 2 erfolgen.

Geschichte: „Kinder, gut dass wir uns heute treffen. Die Schule benötigt dringend eure Hilfe. Unser Hausmeister hat aus Versehen den Schlüssel, den er für das Betätigen der Pausenglocke benötigt, im Tresor eingeschlossen, und nun fällt ihm der Code für das Öffnen nicht mehr ein. Wenn also die nächste Pause stattfinden soll, müssen wir es schaffen, den Code zu knacken. Als erfahrene Panzerknacker wisst ihr ja, dass man dazu auf einem Tastenfeld die richtigen Tasten antippen muss. Also los, lasst uns gemeinsam die nächste Pause retten."

Abb. 33: Auf dem richtigen Weg zum Ziel

Hinter Gittern

Wo: Schulhof
Dauer: 45 Minuten
Jahrgang: ab Klasse 2
Material: ein Zaun, ein Bohnensäckchen, ein kurzes Band

Anleitung: Die Schüler stellen sich in einer Reihe hinter einem Zaun auf. Die Länge des Zauns sollte mindestens 20 m betragen. Auf der anderen Seite des Zauns wird gegenüber dem ersten Schüler das Bohnensäckchen auf den

Boden gelegt. Die Aufgabe für die Schüler besteht darin, mit den Fingern durch die Löcher im Zaun zu greifen, das Bohnensäckchen aufzuheben und von Schüler zu Schüler weiterzureichen, bis das mit dem Band markierte Ziel erreicht ist (Abb. 34). Das Bohnensäckchen darf während der Aktion nicht auf den Boden fallen, da ansonsten die Aktion von Neuem beginnt.

Hinweis: Ideal für diese Aktion sind Gitterstab- oder Maschendrahtzäune. Wenn der einzige zur Verfügung stehende Zaun die Abgrenzung des Schulgrundstücks zur Straße darstellt, kann die Spielleitung sich auf den Bürgersteig begeben und von dort die Aktion anleiten. Den Schülern muss dann jedoch unbedingt deutlich gemacht werden, dass das Verlassen des Schulgeländes nur als Ausnahme für diese Aktion erfolgt.

Geschichte: „So meine Herrschaften, ich bin es ein für alle Male leid mit euch! Ständig spielt ihr mir irgendwelche Streiche, heult mir die Ohren voll, dass die Hausaufgaben viel zu schwer und viel zu viel sind, und jeden Tag fragt ihr mich unzählige Male: ‚Wann haben wir denn endlich wieder Teamstunde?‚ Mir reicht es! Heute kommt ihr hinter Gittern! Ja, ihr habt mich richtig verstanden! Und da hilft auch kein Jammern, Betteln oder Flehen! Für euch gibt es nur eine Möglichkeit: Ihr müsst den ‚Sack der Vergebung‘ an das Ende dieses Zauns transportieren. Dafür dürft ihr nur eure Hände benutzen und den Sack niemals verlieren. Ansonsten schmort ihr bis zur 10. Stunde noch hinter Gittern.“

Abb. 34: Gemeinsam hinter Gittern

Schwammassel

Wo: Schulhof
Dauer: 45 Minuten
Jahrgang: ab Klasse 2
Material: zwei Schwämme, zwei Eimer, ein 120 l Müllsack

Anleitung: Einer der Eimer wird mit 5 l Wasser gefüllt und an den Startpunkt gestellt. Der zweite Eimer wird in 20 m Entfernung positioniert. Der Müllsack wird an allen drei Seiten aufgeschnitten, sodass zwei Planen entstehen. Die Aufgabe für die Schüler besteht darin, das Wasser mithilfe des Schwamms und der Plane aus dem einen Eimer in den anderen Eimer zu transportieren (Abb. 35). Dabei darf während des Transports kein Wasser auf den Boden tropfen.

Abb. 35: Die Schüler transportieren das Wasser sicher zum Ziel.

Hinweis: Während der Durchführung ist darauf zu achten, dass kein Wasser von der Plane heruntertropft. Stattdessen sollte auch das von der Plane aufgefangene Wasser in den zweiten Eimer gegossen werden. Mit zwei Planen und zwei Schwämmen können die Schüler schneller im Wechsel an der Aktion teilnehmen.

Geschichte: „Ist das zu glauben? Da hat mir doch jemand mal wieder nicht richtig zugehört! Ich wollte in beiden Eimern gleich viel Wasser haben, damit man beim Tragen das Gewicht gleichmäßig verteilt hat. Und jetzt haben wir den Schwammassel. Aber so, wie ich euch kenne, seid ihr in der Lage, mir bei diesem Schwammassel zu helfen. Aber aufgepasst, euch darf kein Tropfen verloren gehen. Los geht's!"

Einlochen

Wo: Schulhof, Turnhalle
Dauer: 45 Minuten
Jahrgang: ab Klasse 2
Material: ein Brett mit Loch in der Mitte, viele Tischtennisbälle, ein Eimer, eine Stoppuhr

Anleitung: Die Schüler werden an einem Startpunkt gesammelt. Dort suchen sie sich einen Partner. Der Eimer wird in einiger Entfernung auf der gegenüberliegenden Seite aufgestellt. Die Paare müssen nun das Brett an den kurzen Seiten in die Hände nehmen. Anschließend legt der Spielleiter einen Tischtennisball auf das Brett. Die Aufgabe für das Paar besteht darin, den Ball auf dem Brett zu dem Eimer am Zielpunkt zu balancieren und dann durch das Loch in den Eimer fallen zu lassen. Dafür dürfen natürlich nicht die Hände vom Brett genommen werden. Ist es geschafft, läuft das Paar mit dem Brett zurück zum Startpunkt und übergibt das Brett an das nächste Paar. Dann beginnt die Aufgabe von vorn. Fällt der Tischtennisball während des Transportes herunter, muss das Paar zum Startpunkt zurück und startet einen neuen Versuch. Ziel ist es, so viele Bälle wie möglich in einer bestimmten Zeit zum Eimer zu befördern.

Hinweis: Diese Aktion kann in mehreren Runden gespielt werden. Dann sollte die Klasse jedoch versuchen, die vorgelegte Menge an Tischtennisbällen aus der/den Vorrunde/n zu überbieten.

Geschichte: „Wer von euch weiß, was ‚Einlochen' bedeutet? (Entweder kann ein Kind den Begriff erklären, oder aber die Erklärung muss durch die Spielleitung erfolgen.) Richtig!/Niemand? Einlochen ist ein Begriff aus dem Golfsport und bedeutet, dass der Golfball im Loch landet. Ihr könnt euch vorstellen, dass ist gar nicht mal so einfach. Wer von euch schon einmal Minigolf gespielt hat, weiß, wovon ich rede. Deshalb wollen wir heute mal das Einlochen üben. Aber was sage ich immer: So wie alle kann ja jeder! Deshalb werden wir heute mal auf eine ganz andere Art und Weise das Einlochen üben. Aber auch auf meine Art benötigt ihr viel Fingerspitzengefühl und eine große Portion Ruhe und Gelassenheit."

Ballwechsel

Wo: Klassenzimmer
Dauer: 45 Minuten
Jahrgang: ab Klasse 2
Material: ein Esslöffel pro Schüler, ein Tennisball

Anleitung: Die Schüler stellen sich in einer Reihe nebeneinander auf und erhalten jeder einen Löffel, den sie waagerecht vor sich halten sollen. Der erste Schüler in der Reihe bekommt den Tennisball auf seinen Löffel gelegt. Die Aufgabe besteht nun darin, den Tennisball mithilfe des Löffels von einem Schüler zum nächsten zu übergeben, sodass der Ball vom einen Ende der Reihe zum anderen wandert (Abb. 36). Dabei darf der Tennisball nicht mit den Händen berührt werden. Fällt der Tennisball zwischendurch herunter, beginnt die Aufgabe von vorn.

Abb. 36: Der Ball muss von Löffel zu Löffel wandern.

Hinweis: Bei dieser Aktion sind die motorischen Fähigkeiten der Schüler gefordert. Erfahrungsgemäß werden die Schüler einige Rückschläge bei dieser Übung verkraften müssen. Daher empfiehlt es sich, bei Bedarf eine Zwischenreflexion einzubauen.

Geschichte: „Der Begriff ‚Ballwechsel‘ bedeutet laut Duden ‚Ständiges Hin und Her des von den Spielenden über das Netz geschlagenen Balls‘. Bei unserem Ballwechsel muss der Ball jedoch nicht die Richtung wechseln, sondern nur in eine Richtung wandern. Und wir benutzen auch keine Schläger wie beim Tennis oder Badminton. Wir benutzen Löffel. Und vielleicht habt ihr auch schon selber eine Idee, wie das Ganze wohl funktionieren könnte.“

Wassertransport

Wo: Schulhof
Dauer: 45 Minuten
Jahrgang: ab Klasse 2
Material: zwei Eimer, zwei bis drei Tafelschwämme, leere 500 g Joghurtbecher für je zwei bis drei Schüler, zwei Verkehrskegel, Messbecher

Anleitung: In die Joghurtbecher werden rundherum insgesamt acht Löcher gestochen. Die Löcher sollten so groß sein, dass im mit Wasser gefüllten Zustand schon ein deutlich sichtbarer Strahl Wasser ausströmt. Ein Eimer wird mit 5 l Wasser gefüllt, der zweite Eimer bleibt leer. Die Klasse bekommt nun die Aufgabe, das Wasser mithilfe der Schwämme aufzusaugen, in die Joghurtbecher umzufüllen und das Wasser aus den Joghurtbechern in den leeren Eimer zu kippen. Zwei bis drei Schüler der Klasse übernehmen das Aufsaugen des Wassers mit den Schwämmen, die restlichen Schüler müssen sich paarweise zusammenfinden und dann als Paar jeweils mit einer Hand einen Joghurtbecher transportieren. Zwischen dem gefüllten Wassereimer und der Übergabestation in die Joghurtbecher sollte eine Distanz von ca. 10 m liegen. Von dort aus soll der Transport der Joghurtbecher über eine Strecke von 50 m bis zum zweiten Eimer erfolgen. Ziel ist es, dass sich nach zehn Minuten 2 l Wasser in dem zuvor leeren Eimer befinden.

Hinweis: Die Aktion kann erschwert werden, indem mehr Löcher in die Joghurtbecher gestochen werden oder jeder Schüler lediglich drei oder vier Finger benutzen darf, um die Löcher abzudecken (Abb. 37).

Geschichte: „Puh ... ist mir heiß! Ist euch auch so heiß wie mir? Ich schwitze, habe Durst und würde jetzt am liebsten im Freibad ins kühle Wasser springen. Und was soll ich euch sagen, der Wetterdienst hat gemeldet, dass es in den nächsten Tagen noch viel heißer werden soll. Ich glaube, das halten wir nicht aus. Wir sollten uns dringend einen Wasservorrat zulegen. Dort drüben ist der letzte Rest Wasser, den ich vor den anderen Klassen retten konnte. Die haben das leider bemerkt und aus Rache in unsere Trinkbecher Löcher gestochen. Außerdem haben sie geschworen, sich das Wasser zurückzuholen. Wir sollten unseren Vorrat also dringend in Sicherheit bringen. Seid ihr dabei?!"

Abb. 37: Nur gemeinsam kann verhindert werden, dass Wasser aus dem Becher herausfließt.

Team-Ping-Pong

Wo: Turnhalle
Dauer: 45 Minuten
Jahrgang: ab Klasse 3
Material: ein Tischtennisschläger, ein Tischtennisball

Anleitung: Die Schüler stellen sich in einer Reihe auf. Der erste Schüler erhält den Tischtennisschläger sowie den Tischtennisball. Seine Aufgabe besteht nun darin, den Tischtennisball mit Hilfe des Schlägers 5-mal vor seinem Oberkörper leicht in die Luft zu schlagen, ohne dass der Ball herunterfällt. Schafft er es, so kommen nach und nach die nächsten Schüler an die Reihe. Jedoch erhöht sich nach dem fünften Schüler die Schlagzahl. Schüler 6 bis 10 müssen den Tischtennisball 10-mal, Schüler 11 bis 15 müssen den Ball 15-mal und Schüler 16 bis 20 den Tischtennisball 20-mal hochschlagen, ohne dass dieser zu Boden fällt. Erst wenn der letzte Schüler seine Schlagzahl erreicht hat und der Ball während aller Versuche nicht heruntergefallen ist, gilt die Aufgabe als gelöst.

Hinweis: Bei dieser Aufgabe ist die Planungsphase ausschlaggebend dafür, ob die Klasse die Aufgabe lösen wird oder nicht. Die Schüler können die Reihenfolge und somit auch die zugewiesene Schlagzahl selbst bestimmen. Dafür müssen sie sich gegenseitig richtig einschätzen, damit die motorisch fitten Schüler die höchste Schlagzahl zugewiesen bekommen und dadurch die Wahrscheinlichkeit steigt, diese schwierige Aufgabe zu lösen.

Geschichte: „Heute Spielen wir Team-Ping-Pong. Doch bevor wir damit beginnen, hier erst einmal einige Informationen zur Entstehung dieser noch recht unbekannten Sportart. Es war im Jahr 1983, als ein zehnjähriger Junge an einem windstillen Tag zum wiederholten Male niemanden unter seinen Freunden fand, der mit ihm Tischtennis spielen wollte. Aus reiner Langeweile heraus begann er dann, den Ball immer wieder vor seinem Oberkörper leicht in die Luft zu schlagen, ohne dass dieser herunterfiel. Mit der Zeit wurde er immer besser und fand gleichzeitig immer mehr Freude an dieser Form des Spiels. Eines Tages wurden seine Freunde neugierig, woher dieses Geräusch kam, das sie immer wieder in den Straßen hören konnten: Ping Pong … Ping Pong. Als sie ihren Freund dann auf den Straßen hoch konzentriert den kleinen Tischtennisball in die Luft schlagen sahen, staunten sie nicht schlecht, wie sicher ihr Freund im Umgang mit Ball und Schläger war, und wollten es prompt auch einmal ausprobieren. Tja, und in dem Moment wurde Team-Ping-Pong erfunden. Natürlich gibt es für diese Sportart ein paar Regeln, und diese werde ich euch nun erklären."

Geometriestunde

Wo: Turnhalle, Schulhof
Dauer: 45 Minuten
Jahrgang: ab Klasse 3
Material: ein langes Seil, eine Augenbinde pro Schüler

Anleitung: Die Schüler stellen sich im Kreis auf und „erblinden" mithilfe der Augenbinden. Im Anschluss wird das Seil in die Mitte des Kreises gelegt. Die Schüler erhalten nun die Aufgabe, im erblindeten Zustand das Seil zu ergreifen und sich anschließend mit dem Seil in den Händen so zu positionieren, dass dabei ein Rechteck oder Dreieck entsteht.

Hinweis: Ohne eine gründliche Absprache in der Vorgehensweise wird diese Aufgabe für die Schüler kaum zu lösen sein. Hilfreich ist es auch, wenn der Teamkapitän während der Aktion klare Anweisungen und Kommandos gibt.

Geschichte: „Heute verlagern wir euren Geometrieunterricht einfach in die Turnhalle und erleben geometrische Formen einmal hautnah. Dabei werdet ihr selbst die Funktion von Stift und Lineal übernehmen, um die Formen entstehen zu lassen. Ich bin gespannt, ob ihr bei dieser Übung genauso fit seid wie in einer regulären Mathematikstunde in eurem Klassenzimmer."

Agententraining Teil 1

Wo: Schulhof, Turnhalle
Dauer: 60 Minuten
Jahrgang: ab Klasse 3
Material: Slackline, drei Turnreifen

Anleitung: Die Slackline wird auf ca. 2 m Höhe an einem Baumstamm oder an der Sprossenwand befestigt. Dieses Ende der Slackline bildet für die Aktion den Startpunkt. Das andere Ende wird in mindestens 10 m Entfernung an einem weiteren Baum, Pfosten oder Ähnlichem auf ca. 1,50 m Höhe befestigt und anschließend straff gespannt. Die drei Turnreifen werden in 5 m, 7 m und 9 m Abstand zum Startpunkt unterhalb der Slackline ausgelegt. Die Aufgabe für die Klasse besteht darin, sich an der Slackline entlangzuhangeln und sich in einen der drei Turnreifen fallen zu lassen (Abb. 38). Wer im ersten Reifen landet, sammelt einen Punkt für die Klasse, für eine Landung im zweiten Reifen erhält man zwei Punkte und für den dritten Reifen drei Punkte. Je nach Klassenstärke muss eine bestimmte Punktzahl erreicht werden. Diese errechnet man, indem die Klassenstärke halbiert wird und dann die jeweilige Zahl einmal mit einem Punkt und einmal mit drei Punkten multipliziert wird (Bei einer Klassenstärke von 24 Kindern: 12 × 1 Punkt und 12 × 3 Punkte = insgesamt 48 Punkte). Jedes Kind soll vorab entscheiden, wie viele Punkte es für die Klasse sammeln kann.

Abb. 38:
Agententraining Teil 1

Hinweis: Diese Aktion kann problemlos in die Turnhalle verlegt werden. Dort wird die Slackline an einer Sprossenwand und an dem Pfosten eines Volleyballnetzes befestigt. Zur Absicherung können hier auch zusätzlich Turnmatten unterhalb der gespannten Slackline positioniert werden. Zusätzlich sollte beim Übergang des Schülers an die Slackline Hilfestellung geleistet werden.

Geschichte: „Achtung, Achtung! Eure Klasse ist auserwählt worden, ein speziell für Grundschüler entwickeltes Agententraining absolvieren zu dürfen. Dies ist eine große Auszeichnung, denn nur die fittesten und teamfähigsten Klassen landesweit erhalten diese Chance. Und da ihr die bisherigen Teamaufgaben mit Bravour bestanden habt, habt ihr euch dieses Training auch mehr als verdient. Dieses Training ist die erste von insgesamt drei Trainingseinheiten. Doch erst wenn das erste Training erfolgreich abgeschlossen wurde, erwartet euch die zweite Einheit. Also gebt wie immer euer Bestes und beweist, dass ihr zu Recht auserwählt wurdet."

Agententraining Teil 2

Wo: Turnhalle
Dauer: 60 Minuten
Jahrgang: ab Klasse 3
Material: zehn Slalomstangen, fünf Seile zu je 5 m Länge

Anleitung: Die Slalomstangen werden in zwei Reihen gegenüberstehend aufgestellt. Der Abstand zwischen den beiden Reihen soll ca. 4 m betragen. Zwischen den Stangen einer Reihe wird ein Abstand von 3 m ausgemessen. Nun werden jeweils die gegenüberliegenden Slalomstangen mit einem Seil verbunden. Bei dem ersten Stangenpaar wird auf einer Höhe von 1,40 m begonnen und von Stangenpaar zu Stangenpaar jeweils 20 cm tiefer angesetzt, sodass man beim fünften Stangenpaar noch eine Seilhöhe von 60 cm erreicht. Die Schüler finden sich paarweise zusammen. Die Aufgabe besteht nun darin, den Parcours als Team zu durchqueren und dabei kontinuierlich Körperkontakt zu halten (Abb. 39). Nach dem ersten Durchgang finden sich zwei Paare zu einer Vierergruppe zusammen und versuchen nun ebenfalls, den Parcours zu absolvieren. Es folgen weitere Durchgänge, bis am Ende die gesamte Klasse als eine Gruppe den Parcours durchqueren muss.

Hinweis: Der Schwierigkeitsgrad dieser Übung erhöht sich systematisch von Durchgang zu Durchgang. In der Regel wird die Klasse nach zwei bis drei Durchgängen an ihre Grenzen stoßen und eine Zwischenreflexion bzw. eine Zwischenplanung durchführen müssen.

Geschichte: „Heute erwartet euch der zweite Teil eurer Agentenausbildung. Jeder Agent kommt während seiner Laufbahn in die brenzlige Situation, ein durch Laserstrahlen gesichertes Objekt in seinen Besitz bringen zu müssen. Dies ist eine höchst kniffelige Angelegenheit, die vollste Konzentration und absolute Beweglichkeit erfordert, denn so ein Laserstrahl kann schwerste Verletzungen verursachen. Aber keine Angst, ich weiß, dass jeder Einzelne von euch das Zeug dazu hat, auch diese Aufgabe erfolgreich zu meistern."

Abb. 39: Agententraining Teil 2

Agententraining Teil 3

Wo: Turnhalle
Dauer: 60 Minuten
Jahrgang: ab Klasse 3
Material: 20 m Luftpolsterfolie, ein Löffel, ein Tennisball

Anleitung: Zu Beginn wird die Luftpolerstfolie auf dem Hallenboden ausgelegt. Die Klasse teilt sich in zwei Gruppen auf. Jeweils eine Gruppe positioniert sich an einem Ende der Luftpolsterfolie. Eine Gruppe erhält den Löffel und den Tennisball. Die Aufgabe für die Klasse besteht darin, mit dem Tennisball auf dem Löffel balancierend über die Luftpolsterfolie zu gehen, ohne dass die Luftbläschen platzen (Abb. 40). Auf der anderen Seite angekommen, wird der Löffel mit dem Ball dem nächsten Schüler der zweiten Gruppe übergeben, und dieser startet dann seinen Versuch. Während des gesamten Spielverlaufs dürfen der Klasse insgesamt nur zehn Fehlversuche in Form von platzenden Luftbläschen oder herunterfallenden Tennisbällen unterlaufen. Ansonsten gilt die Runde als verloren und ein neuer Versuch beginnt.

Hinweis: In fitten Gruppen kann beispielsweise anstelle eines neuen Versuchs für die gesamte Gruppe auch die Möglichkeit eingeräumt werden, einen Schüler mithilfe einer Augenbinde „erblinden“ zu lassen. Eine weitere Möglichkeit wäre auch der Einsatz eines zweiten Löffels und eines zweiten Tennisballs, die dann gleichzeitig über die Folie balanciert werden müssen.

Geschichte: „Aller guten Dinge sind drei, besagt eine deutsche Redensart. Und somit kommen wir heute zur dritten und gleichzeitig letzten Einheit innerhalb eurer Agentenausbildung. Diese letzte Einheit hat es noch einmal so richtig in sich und wird deutlich zeigen, wer von euch das Zeug zu einem richtig guten Geheimagenten hat. Um die heutige Aufgabe zu bewältigen, müsst ihr Geschicklichkeit und Leichtfüßigkeit miteinander kombinieren und beweisen, dass euch so schnell nichts aus der Ruhe bringen kann. Doch ich bin auch hier wieder guter Dinge und tippe darauf, dass unsere Schule heute um eine Klasse voller Geheimagenten reicher sein wird."

Abb. 40: Agententraining Teil 3

Das Teamtor

Wo: Schulhof, Turnhalle
Dauer: 45 Minuten
Jahrgang: ab Klasse 3
Material: ein mind. 8 m langes Schwingseil

Anleitung: Für diese Aktion werden idealerweise zwei Lehrer/Pädagogen für das Schwingen des Seils benötigt. Die Klasse versammelt sich auf einer Seite des Seils. Die Aufgabe für die Schüler besteht in einer ersten Runde darin, einer nach dem anderen unter dem schwingenden Seil hindurchzulaufen, ohne es zu berühren und somit das Schwingen zu stoppen. Geschieht dies doch, so gilt der Versuch als gescheitert, und die Runde beginnt von vorn. Ist die Aufgabe gemeistert, sollen in einer zweiten Runde zwei Schüler gleichzeitig unter dem schwingenden Seil hindurchlaufen. Die Regeln bleiben unverändert.

Hinweis: Die Aufgabenstellungen lassen sich problemlos immer weiter steigern, bis zuletzt die ganze Klasse gleichzeitig unter dem schwingenden Seil hindurchläuft. Bei sehr fitten Klassen kann die Aufgabe auch so gestellt werden, dass die Schüler erst einmal in das schwingende Seil hineinlaufen, dann einmal über das Seil springen und erst dann auf der anderen Seite aus dem Seil hinauslaufen. Wenn keine zwei Lehrer/Pädagogen zur Verfügung stehen, kann das Seil auch an eine Sprossenwand gebunden oder mithilfe eines Karabiners an einem Haken oder Ähnlichem befestigt werden.

Geschichte: „Wie ihr ja sicherlich in den letzten Jahren schon bemerkt habt, gilt es auf dem Weg zu einem perfekten Team viele Hindernisse und Schwierigkeiten zu überwinden. Doch auch wenn ihr bei der einen oder anderen Aktion einen Rückschlag hinnehmen musstet, habt ihr nie aufgegeben und euch von Woche zu Woche eure Erfolge zurückerarbeitet. Und heute steht ihr vor einer neuen Herausforderung, die euch einen Schritt näher zu einem perfekten Team führen wird: Das Teamtor."

Schleuderpartie

Wo: Schulhof
Dauer: 45 Minuten
Jahrgang: ab Klasse 3
Material: mehrere Wasserbomben, ein Eimer, zwei Bettlaken

Anleitung: Die Wasserbomben müssen vor Aktionsbeginn mit Wasser gefüllt werden. Die Klasse teilt sich in zwei gleich große Gruppen auf. Jede Gruppe erhält ein Bettlaken und bringt dieses in eine gespannte Position. Einer der beiden Gruppen wird eine Wasserbombe auf das gespannte Bettlaken gelegt. Diese Gruppe muss nun mit Schwung die Wasserbombe in Richtung der zweiten Gruppe katapultieren. Die zweite Gruppe wiederum muss versuchen, die fliegende Wasserbombe mit ihrem Bettlaken sicher aufzufangen. Gelingt ihr dies, so wird die Wasserbombe wieder zurück zur ersten Gruppe geschleudert und von dieser aufgefangen. Ziel ist es, die Wasserbombe möglichst oft hin- und herzukatapultieren, ohne dass sie dabei auf den Boden fällt und zerplatzt.

Hinweis: Vor Beginn der eigentlichen Aktion sollte den beiden Gruppen die Möglichkeit gegeben werden, ein Gefühl für das Schleudern der Wasserbomben zu entwickeln. Es gibt praktische Füllsysteme, mit denen die Wasserbomben sekundenschnell befüllt sind und ein Verknoten jedes einzelnen Ballons überflüssig wird. Da bei dieser Aktion die Möglichkeit besteht, dass die Schüler etwas nass werden, bieten sich für die Durchführung eher die Sommermonate an. Natürlich kann die Aktion auch mit einem Tennisball oder einem Kunststoffball durchgeführt werden.

Geschichte: „Ihr kennt das bestimmt: In der großen Pause am Vormittag rennst du extrem schnell über den Schulhof und musst urplötzlich stark abbremsen. In der Regel gerätst du dann ins Schleudern und landest unwillkürlich mit einem aufgescheuerten Knie auf dem Boden. Aber Schleudern kann auch Spaß machen und zugleich eine große Herausforderung darstellen. Wenn ihr mir nicht glaubt, dann wartet einmal die folgende Aufgabe ab."

Der Untergang der Bounty

Wo: Turnhalle
Dauer: 60 Minuten
Jahrgang: ab Klasse 3
Material: zwei Weichbodenmatten, eine Turnmatte, ein Klettertau, verschiedene Bälle (fünf Tennisbälle, fünf Gymnastikbälle, zwei Medizinbälle), fünf Reifen, fünf Keulen

Anleitung: Die Klettertaue werden in die Turnhallenmitte gezogen, bis sie in der Sicherheitsverankerung einrasten. Die äußeren Taue werden gegebenenfalls miteinander verknotet und an die Hallenwand gezogen, sodass sie aus dem Aktionsfeld verschwinden. In das für die Aktion benötigte Tau wird am unteren Ende ein Knoten geknüpft. Die beiden Weichbodenmatten werden rechts und links von dem Tau platziert. Der Abstand zwischen dem hängenden Tau und den Weichbodenmatten sollte ca. 1,50 m betragen. Wichtig hierbei ist, dass die Schüler später das Tau nicht durch einfaches Austrecken der Arme erreichen können. Abschließend wird die Turnmatte hinter eine der beiden Weichbodenmatten gelegt, und die verschiedenen Bälle, Reifen und Keulen werden auf der Turnmatte platziert. Die Klasse versammelt sich nun auf der Weichbodenmatte, an die die Turnmatte mit den Bällen, Reifen und Keulen angrenzt. Die Aufgabe für die Klasse besteht nun darin, auf die gegenüberliegende Matte zu gelangen und sowohl die Bälle als auch die Reifen mitzunehmen (Abb. 41). Für diese Aktion gelten folgende Regeln: Das Tau darf nicht durch Anspringen erreicht werden, es dürfen keine weiteren Knoten in das Tau geknüpft werden, der Turnhallenboden darf weder von den Schülern noch von den Bällen, Reifen und Keulen berührt werden, Kleidungsstücke dürfen als Hilfsmittel benutzt werden. Regelverstöße führen dazu, dass die Aktion von vorne beginnt.

Hinweis: Zu Beginn ist die Kreativität der Schüler gefragt. Da sie das Tau nicht durch bloßes Greifen erreichen können, müssen Lösungen gefunden werden, wie das Tau erreicht werden kann. Häufige Lösungswege sind das Bilden einer Menschenkette, die Halt beim Beugen über die Matte gibt, oder das zu Hilfenehmen eines Reifens, der als verlängerter Arm dient. Jedoch wird die Klasse aller Wahrscheinlichkeit nach einige Rückschläge verkraften müssen. Daher ist neben einer ausreichenden Planungsphase die Möglichkeit von Zwischenreflexionen einzuplanen.

Geschichte: „Heute scheint nicht euer Glückstag zu sein. Denn falls ihr es noch nicht bemerkt habt, ihr befindet euch auf der sinkenden Bounty, einem der wichtigsten Handelsschiffe in der Geschichte der Seefahrt. Zum Glück wollte die Bounty gerade erst in See stechen, und somit seid ihr noch nicht weit vom Festland entfernt. Ihr solltet euch also schleunigst zurück aufs Festland begeben. Aber vergesst eure Ladung nicht, die sich in eurem Frachtraum befindet. Diese Waren sind zu wertvoll, als dass ihr sie zurück lassen könnt."

Abb. 41: Kann sich die Klasse vor dem Untergang retten?

Einschätzen

Wo: Schulhof
Dauer: 45 Minuten
Jahrgang: ab Klasse 3
Material: ein flacher Stein oder ein kleines Säckchen

Anleitung: Die Klasse versammelt sich vor einem Hüpfkästchen auf dem Schulhof. Sollten sich auf dem Schulhof keine dauerhaften Hüpfkästchen befinden, kann dieses in der Vorbereitung mit Kreide aufgemalt werden. In einer ersten Runde soll nun jeder Schüler einschätzen, welches Zahlenfeld er durch einen gezielten Wurf des Steins erreichen kann. Die Einschätzungen der Schüler werden zu einer Gesamtsumme addiert, und diese soll anschließend auch auf die Zahl genau erreicht werden (Abb. 42). Landet der Stein bei einem der Schüler in einem höheren oder niedrigeren Zahlenfeld, muss einer der noch folgenden Schüler ein entsprechend niedrigeres bzw. höheres Zahlenfeld erreichen. Nach Beendigung der ersten Runde können weitere Runden in dieser Form gespielt werden.

Abb. 42: Konzentrieren, zielen, werfen

Hinweis: Um mehr Abwechslung in die Aktion zu bringen, können auch verschiedene Variationen gespielt werden. Eine Möglichkeit wäre, dass die Anzahl der Schüler mit der höchsten Zahl des Hüpfekästchens multipliziert wird. Anschließend errechnet man das Drittel aus dieser Summe. Die sich daraus ergebende Zahl muss nun von der Klasse erreicht werden. Eine weitere Variante wäre, dass die Klasse gegen den Spielleiter antritt. Jeder Schüler muss einen Wurf absolvieren, und der Spielleiter hat entsprechend der Klassenstärke die gleiche Anzahl an Würfen. Ziel für die Klasse ist es dann, eine höhere Punktzahl als der Spielleiter zu erreichen. Wenn die Aktion mit jüngeren Jahrgängen durchgeführt werden soll, empfiehlt es sich, ein Reissäckchen anstelle des Steins zu verwenden.

Geschichte: „Es kommt immer wieder im Leben vor, dass man Situationen, in denen man sich befindet, richtig einschätzen muss. Dabei kann es sich beispielsweise um Gefahren handeln oder auch um eure eigenen Fähigkeiten, wenn ihr euch vornehmt, ein bestimmtes Ziel zu erreichen. Sich selbst richtig einzuschätzen und sein eigenes Können richtig zu bewerten, ist häufig gar nicht so einfach, denn oft über- oder unterschätzt man, wie viel man leisten kann. Damit ihr lernt, euer Können besser einzuschätzen, habe ich euch heute eine kleine und scheinbar harmlose Aufgabe mitgebracht. Ich bin gespannt, wie gut ihr bereits in der Lage seid, euch richtig einzuschätzen."

Präzise wie ein Schweizer Uhrwerk

Wo: Schulhof, Turnhalle
Dauer: 45 Minuten
Jahrgang: ab Klasse 3
Material: pro Schüler ein Tennisball

Anleitung: Die Schüler stellen sich in einem Kreis auf. In der rechten Hand hält jeder Schüler einen Tennisball. Die Aufgabe besteht für die Schüler darin, gleichzeitig durch Kreuzen der Arme den eigenen Tennisball in die linke Hand des linken Nachbarn zu legen. Ist dies gelungen, wechselt jeder Schüler seinen erhaltenen Tennisball von der linken in die rechte Hand und die Aufgabe beginnt erneut. Ziel ist es, dass die Tennisbälle einmal im Kreis wandern, bis jeder Tennisball wieder bei seinem ursprünglichen Besitzer angekommen ist.

Hinweis: Diese Aufgabe erfordert von den Schülern ein hohes Maß an Konzentration und Koordinationsfähigkeit. Zu Beginn der Übung werden der Klasse die Tennisbälle einige Male herunterfallen. In diesem Fall kann überlegt werden, eine Zwischenreflexion in die Übung einzubauen, damit nach Möglichkeit die Frustration einzelner Schüler nicht zu groß wird. Oft entwickeln die Schüler einen Zählrhythmus, um die Aufgabe meistern zu können.

Geschichte: „Schweizer Uhren sind auf der ganzen Welt dafür bekannt, sehr hochwertig verarbeitet und absolut präzise in ihrer Funktion zu sein. Daher kommt auch die Redensart ‚präzise wie ein Schweizer Uhrwerk'. Heute müsst ihr einmal unter Beweis stellen, dass auch ihr als Team so präzise wie ein Schweizer Uhrwerk arbeiten könnt. Wenn ihr diese Aufgabe meistern wollt, muss jedes einzelne Teammitglied exakt und auf den Punkt genau funktionieren. Ich bin sehr gespannt, ob auch ihr in Zukunft für eure professionelle Zusammenarbeit weltweit bekannt werdet."

Manege frei!

Wo: Schulhof, Turnhalle
Dauer: 45 Minuten
Jahrgang: ab Klasse 3
Material: ein Gymnastikreifen, eine Stoppuhr

Anleitung: Die Klasse stellt sich in einem Kreis auf und hält sich dabei an den Händen. Der Kreis wird dann an einer Stelle unterbrochen, und der Gymnastikreifen wird dort einem Schüler über die Schulter gelegt. Anschließend wird der Kreis wieder geschlossen. Nun müssen die Schüler den Reifen so schnell wie möglich einmal im Kreis wandern lassen. Dafür muss jeder Schüler einmal mit dem ganzen Körper durch den Reifen schlüpfen. Dabei darf der Kreis zu keinem Zeitpunkt unterbrochen werden (Abb. 43). Sollten zwei Schüler den Körperkontakt nicht halten, gilt der Durchgang als gescheitert und ein neuer beginnt. Schafft es die Klasse, den Reifen einmal im Kreis wandern zu lassen, wird die Zeit gestoppt, und in einem weiteren Versuch kann die Klasse nun versuchen, ihre eigene Zeit zu unterbieten.

Abb. 43: Hier ist Beweglichkeit gefragt.

Hinweis: Die Schüler gehen diese Aufgabe häufig überhastet und mit zu viel Hektik an. Oft kommen sie aber nach der ersten Runde darauf, dass der Trick in der Ruhe liegt. Sollte eine Klasse wiederholt ihre Hektik nicht ablegen können, bietet sich eine Zwischenreflexion an.

Geschichte: „Sehr verehrtes Publikum! Herzlich willkommen in unserem Mitmachzirkus ‚All for one'! Heute erwartet Sie eine einzigartige Darbietung, die an Spiel, Spaß und Spannung kaum zu überbieten sein wird! Machen Sie sich bereit und seien Sie gespannt, welche Herausforderung Sie heute zu bestehen haben werden! Zu Beginn sei nur so viel verraten: Die brennenden Reifen warten bereits auf Sie! Und nun Manege frei! Lasst die Show beginnen!"

Bescherung

Wo: Klassenzimmer
Dauer: 45 Minuten
Jahrgang: ab Klasse 3
Material: mehrere Tafelschwämme, Zeitungspapier, Geschenkband (50 cm für je zwei Schüler), Scheren, Klebestreifen, Augenbinden für die Hälfte der Schüler

Anleitung: Die Schüler finden sich jeweils paarweise zusammen und setzen sich an einen Arbeitsplatz. Jeder Arbeitsplatz ist mit einem Tafelschwamm, zwei Doppelseiten Zeitungspapier, 50 cm Geschenkband, einer Schere und einer Rolle Klebestreifen ausgestattet. Die Aufgabe für die Paare besteht darin, den Schwamm unter Benutzung des Materials wie ein Geschenk eizupacken. Für die Paare kommt jedoch erschwerend hinzu, dass der einpackende Schüler eine Augenbinde aufsetzen muss und sich lediglich an den Anweisungen seines Partners orientieren kann. Dieser Partner darf jedoch nur Anweisungen/Ratschläge geben und das Material nicht berühren (Abb. 44).

Hinweis: Die einzelnen Paare entscheiden für sich, wer welche Aufgabe übernimmt. Der sehende Schüler hat zusätzlich auch die verantwortungsvolle Aufgabe, darauf zu achten, dass sich sein Partner während der Scherennutzung nicht verletzt. Wenn der Schwierigkeitsgrad der Aktion erhöht werden soll, können andere Gegenstände wie beispielsweise Federmäppchen, Bücher oder Trinkbecher verwendet werden.

Geschichte: „Das Jahr neigt sich dem Ende entgegen, und somit rückt das Weihnachtsfest auch immer näher. Wer von euch schon einmal Weihnachtsgeschenke einpacken musste, dem graust es vielleicht auch schon wieder vor dieser Aufgabe. Aber das muss nicht so sein. Wie heißt es doch so schön: Übung macht den Meister. Ich habe mir gedacht, wenn wir jetzt schon einmal üben, wie man Geschenke einpackt, dann ist das doch ein Kinderspiel für uns, wenn Weihnachten vor der Tür steht. Und damit wir auch wirkliche Profis im Einpacken werden, packen wir unsere Geschenke natürlich unter erschwerten Bedingungen ein."

Abb. 44: Ohne den Sehsinn wird so manche Aufgabe schwierig.

Bitte Platz zu nehmen!

Wo: Turnhalle, Schulhof
Dauer: 45 Minuten
Jahrgang: ab Klasse 3
Material: –

Anleitung: Die Klasse stellt sich eng in einem Kreis auf. Dabei ist jeder Schüler so positioniert, dass er seinem Vordermann auf den Hinterkopf schaut. Auf das Kommando „Bitte Platz zu nehmen!" setzen sich die Schüler gleichzeitig auf die Oberschenkel ihres Hintermannes. Dabei müssen die Schüler ruhig und konzentriert vorgehen, damit der Sitzkreis nicht in sich zusammenbricht.

Hinweis: Diese Aufgabe wird nur gelingen, wenn sich die Schüler gut absprechen, sich gegenseitig in ihrem Bewegungstempo beobachten und Ruhe bewahren. Sollten die Schüler zunächst an der Aufgabe scheitern, fügt man idealerweise eine Zwischenreflexion ein. Diese wird dann den

Schülern verdeutlichen, wo die Schwächen in der praktizierten Vorgehensweise liegen, sodass sie diese nach und nach beseitigen und somit letztendlich zum Erfolg gelangen können. Sehr fitten Klassen kann zusätzlich die Aufgabe gestellt werden, nachdem der Sitzkreis erreicht wurde, sich in dieser Position gemeinsam noch um einige Schritte vorwärts zu bewegen. Wenn die Klasse sich dabei auf einen Rhythmus einigt, ist dies durchaus so lange möglich, bis jeder Schüler eine komplette Runde zurückgelegt hat.

Geschichte: „Ihr seid bestimmt schon einmal alle in einem Restaurant gewesen. Ich rede aber nicht von irgendeinem Fastfood-Restaurant, bei dem man sich einen in Papier eingewickelten Burger, eine Schachtel labberige Pommes frites und einen Softdrink an einer Theke abholt und dann die Speisen mit den Händen isst. Nein, ich rede davon, dass man ein frisch zubereitetes Gericht mit Gabel und Messer, an einem schön gedeckten Tisch und mit Ruhe und Genuss verzehrt. In sehr vornehmen Restaurants hält der Ober, das ist ein anderes Wort für Kellner, den Gästen sogar den Stuhl bereit, damit sie sich gemütlich hinsetzen können. Dabei muss er auf seine Gäste achtgeben, damit er sie nicht mit zu viel Schwung gegen die Tischkante schiebt. Wir wollen heute einmal etwas Ähnliches ausprobieren. Bei uns wird es zwar nichts zu essen geben, jedoch müsst auch ihr euch vorsichtig hinsetzen. Also dann, bitte Platz zu nehmen!"

Team-Memory

Wo: Klassenzimmer
Dauer: 60 Minuten
Jahrgang: ab Klasse 3
Material: ein Memory-Spiel, ein großer Tisch

Anleitung: Die Memory-Karten werden in mehreren Reihen aufgedeckt in einem Rechteck auf eine große Tischfläche gelegt. Die Klasse bekommt zehn bis fünfzehn Minuten Zeit, sich die Reihenfolge der Motive einzuprägen. Nach Ablauf der Zeit werden die Karten umgedreht, sodass die Motive nicht mehr zu sehen sind. Nun müssen die Schüler die Motive der Reihe nach aus der Erinnerung heraus aufzählen. Zur Kontrolle darf jeder Schüler die von ihm eingeprägte Karte wenden (Abb. 45). Wie viele Karten sich jeder Schüler merken muss, entscheidet die Klasse individuell in der Planungsphase. Einzige Vorgabe ist, dass jeder Schüler mindestens zwei Karten benennen muss.

Hinweis: Sowohl die Planungs- als auch die Einprägungszeit muss den Schülern ausreichend gewährt werden, denn die eigentliche Aufzählung der Karten kann bei fitten Klassen in wenigen Minuten durchgeführt sein. Hierbei sollte jeder Spielleiter seine Klasse im Vorfeld gut einschätzen und die einzelnen Aktionsphasen zeitlich individuell gestalten.

Geschichte: „Kinder, ihr könnt euch nicht vorstellen, wie verzweifelt ich bin. Schon den ganzen Vormittag bin ich in unserer Schule unterwegs und versuche eine Klasse zu finden, in der es von schlauen Köpfen nur so wimmelt. Wie ich feststellen musste, ist dies eine extrem schwierige Aufgabe, denn bisher war meine Suche nicht sonderlich erfolgreich. Keine der anderen Klassen traut sich an die Herausforderung ran, die in unseren Gruppenräumen auf einen würdigen Gegner wartet. Doch ich bin mir sicher, dass ihr mutig genug seid, euch der Herausforderung zu stellen. Kommt mit und lasst uns allen zeigen, was ihr so auf dem Kasten habt!"

Abb. 45: Mit Spannung wird die Karte umgedreht.

Maßarbeit

Wo: Klassenzimmer
Dauer: 45 Minuten
Jahrgang: ab Klasse 3
Material: zwei Zollstöcke, zwei Radiergummis, zwei Stücke Tafelkreide, zwei Anspitzer, zwei Lineale

Anleitung: Zunächst werden die beiden Zollstöcke im Zick-Zack auf den Boden gelegt und jeweils ein Radiergummi, ein Stück Kreide, ein Anspitzer und ein Lineal darauf gelegt. Dann wird die Klasse in zwei gleich große Gruppen aufgeteilt. Die beiden Gruppen haben nun die Aufgabe, einen Zollstock samt den darauf platzierten Gegenständen auf Hüfthöhe zu heben, diesen dann geradezubiegen und anschließend wieder auf dem Boden abzulegen (Abb. 46). Dabei dürfen während der gesamten Aktion die auf dem Zollstock platzierten Gegenstände nicht berührt werden und auch nicht herunterfallen. Hält eine Gruppe die Regeln nicht ein, beginnt für sie die Aufgabe von vorn.

Abb. 46: Jetzt bloß nicht wackeln!

Hinweis: Wichtig ist bei dieser Aktion, dass es sich nicht um ein Wettspiel handelt. Die Aufteilung in zwei Gruppen dient lediglich einer teamorientierten Durchführung. Jede der beiden Gruppen erarbeitet für sich einen Lösungsweg. In der Reflexionsrunde werden dann die Erfahrungen der beiden Gruppen gesammelt.

Geschichte: „Heute werdet ihr zu kleinen Handwerkern, denn um die Teamaufgabe lösen zu können, benötigt ihr eure Hände und vor allem enorm viel Fingerspitzengefühl. Man könnte auch sagen, heute ist absolute Maßarbeit gefragt. Was das im Detail bedeutet, werdet ihr jetzt sofort erfahren."

Kein Vor und kein Zurück

Wo: Schulhof, Turnhalle
Dauer: 45 Minuten
Jahrgang: ab Klasse 3
Material: eine Plastikplane von 2 × 3 m

Anleitung: Die Plastikplane wird vor Aktionsbeginn auf dem Boden ausgebreitet. Die Klasse stellt sich anschließend auf die Plane. Nun müssen die Schüler versuchen, die Plane zu wenden. Während des Wendevorgangs müssen alle Schüler auf der Plane bleiben. Wird diese Regel nicht eingehalten, beginnt die Aufgabe von vorne.

Hinweis: Die Aufgabe hört sich für die Schüler zunächst leichter an, als sie sich dann in der Praxis darstellt. So benötigen die Klassen in der Regel auch mehrere Anläufe, bevor sie nach einer Zwischenreflexion mit einer besser durchdachten Vorgehensweise die Aufgabe lösen.

Geschichte: „Manchmal kommt man in Situationen, die einen richtig in Schwierigkeiten bringen können. Man sagt auch, in solchen Situationen gibt es kein Vor und kein Zurück mehr – es scheint so, als gäbe es keinen Ausweg mehr. Wie gut, dass ihr ein Team seid, das weiß, wie man sich gegenseitig unterstützt und wie man als Team auch die schwierigsten Situationen meistern kann. Deshalb will ich heute mal schauen, wie es euch so ergeht, wenn ihr in eine Situation kommt, in der es kein Vor und kein Zurück mehr gibt."

Mission Pipeline

Wo: Schulflur
Dauer: 60 Minuten
Jahrgang: ab Klasse 3
Material: pro Kind eine Papprolle aus Küchenpapierrollen, ein Flummi (Gummiball) mit einem Durchmesser von ca. 2 cm, ein Brief

Anleitung: Die Schüler stellen sich in einer Reihe auf. Jeder Schüler erhält eine Papprolle. Der Flummi wird in die Papprolle des ersten Schülers in der Reihe gelegt. Die Aufgabe für die Klasse besteht darin, den Flummi von einem Startpunkt aus durch Aneinanderreihen der einzelnen Papprollen zu einem Zielpunkt zu transportieren (Abb. 47). Der Flummi darf nicht mit den Händen berührt werden und zu keinem Zeitpunkt aus den Papprollen auf den Boden fallen. Fällt er doch auf den Boden, beginnt die Aufgabe von vorn.

Hinweis: Diese Aktion erweist sich in der Praxis als recht anspruchsvoll. Daher muss der Klasse ausreichend Zeit für eine intensive Planungsphase eingeräumt werden. Je nach Länge der ausgewählten Strecke sollten Zwischenstationen eingebaut werden. Hat jeder Schüler der Klasse diese erreicht, gilt die absolvierte Strecke als gesichert. Bei nun folgenden Fehlversuchen müsste die Klasse lediglich bis zur Zwischenstation zurück.

Geschichte: „Leute, heute muss unsere Teamstunde ausfallen, denn wir haben einen Geheimauftrag bekommen. Dieser Geheimauftrag läuft unter dem Decknamen ‚Mission Pipeline'. Dieses geheime Dokument habe ich heute Morgen auf meinem Schreibtisch entdeckt. Ich lese es euch einmal vor: ‚Liebe Klasse 3b, diesen geheimen Brief schreibt euch eure Schulleitung. Unsere Schule steckt in großen Schwierigkeiten. Heute Nacht ist jemand in mein Büro eingebrochen und hat dort die Kugel des Wissens gestohlen. Ohne diese Kugel steht unsere Schule kurz vor dem Aus, denn nur durch sie ist es möglich, dass jeder von euch nach vier Jahren Grundschulzeit mit ausreichend Wissen für die nächste Schule versorgt ist. Zum Glück haben wir eine zweite Kugel in einem Geheimversteck gelagert. Diese Kugel müsst ihr unbedingt zu mir ins Büro befördern. Aber Vorsicht, die Kugel ist extrem empfindlich. Ihr dürft sie nicht mit den Händen berühren, und sie darf auch auf keinen Fall auf den Boden fallen. Ich vertraue euch und bitte euch um eure Hilfe.' Ist das zu glauben?! Wir müssen dringend handeln und unserer Schule aus diesem Schlamassel helfen. Da ich weiß, wo sich das Geheimversteck der zweiten Kugel des Wissens befindet, war ich bereits dort und habe sie mitgebracht. Doch jetzt seid ihr an der Reihe. Die Zukunft unserer Schule liegt in euren Händen!"

Abb. 47: Der Bau der Pipeline

Hoch, höher, am höchsten

Wo: Turnhalle
Dauer: 45 Minuten
Jahrgang: ab Klasse 3
Material: sechs Slalomstangen, drei Gymnastikseile

Anleitung: Die Gymnastikseile werden jeweils zwischen zwei Slalomstangen gebunden. Die Höhe des Seils sollte bei der ersten Konstruktion 30 cm betragen, bei der zweiten 50 cm und bei der dritten 70 cm. Die einzelnen Konstruktionen werden in einem Abstand von 5 m aufgestellt. Die Aufgabe für die Schüler besteht darin, die drei Seile ohne Berührung zu überqueren. Dabei dürfen sie sich gegenseitig Hilfestellung leisten.

Hinweis: Auch wenn das erste Hindernis, mit gerade einmal 30 cm Höhe, nicht sehr schwierig zu überwinden scheint, kommt es dort trotzdem häufig schon zu Berührungen mit dem Seil. Die Klasse muss erkennen, dass jedes Hindernis ernst genommen werden muss und bei jeder Höhe Konzentration notwendig ist. Ab der zweiten Höhe werden die ersten Schüler Hilfe von Mitschülern in Anspruch nehmen müssen. Wie diese Hilfestellung aussieht, bleibt der Klasse überlassen (Abb. 48). Um das

Verletzungsrisiko zu verringern, können zusätzlich Gymnastikmatten unter die höheren Hindernisse gelegt werden.

Geschichte: „Ihr kennt vielleicht die Redewendung ‚hoch hinaus wollen'. Sie bedeutet, dass man sich ein sehr ehrgeiziges Ziel gesetzt hat, das nur mit einer gewissen Anstrengung erreicht werden kann. Heute wollen wir tatsächlich einmal hoch hinaus, und zwar immer höher und höher. Ich bin mir sicher, dass ihr den nötigen Ehrgeiz und auch gute Strategien habt, um unser Ziel erreichen zu können."

Abb. 48: Schüler helfen sich gegenseitig, um die Aufgabe zu lösen.

Akute Einsturzgefahr!

Wo: Turnhalle
Dauer: 45 Minuten
Jahrgang: ab Klasse 3
Material: ein kleiner Turnkasten, mehrere Turnmatten

Anleitung: Der Turnkasten wird in die Mitte der Turnhalle gestellt. Um den Kasten herum werden die Turnmatten in mindestens zwei Reihen als Sturzsicherung auf den Boden gelegt. Die Klasse erhält die Aufgabe, möglichst viele Schüler auf dem Turnkasten zu platzieren, sodass diese mindestens zehn Sekunden darauf verweilen können, ohne dabei herunterzufallen.

Hinweis: Während der Erklärungsphase muss die Klasse deutlich darauf hingewiesen werden, dass sie diese Aufgabe mit Ruhe und Konzentration angehen soll. Je mehr Schüler während des Aktionsverlaufs auf dem Turnkasten bereits untergebracht sind, desto unruhiger werden die Schüler erfahrungsgemäß, und Fehler treten auf. Welche Ideen die Schüler entwickeln, um möglichst viele Schüler unterzubringen, bleibt ihnen frei überlassen. In der Regel wird eine Kombination aus einem gegenseitigen Tragen und Halten von den Schülern angestrebt.

Geschichte: „Ihr alle habt bestimmt schon einmal ein Gebäude gesehen, an dem ein Warnschild mit dem Hinweis ‚Achtung Einsturzgefahr' angebracht war. In der Regel sind es ältere Gebäude, die seit längerer Zeit unbewohnt sind, oder Gebäude, die beispielsweise durch einen Brand in ihrer Konstruktion instabil sind und daher einzustürzen drohen. Aber auch bei neuen Gebäuden oder Konstruktionen kann akute Einsturzgefahr bestehen, wenn in der Planung und während der Bauphase von den Architekten und den Handwerkern Fehler gemacht wurden. Heute seid ihr einmal die Architekten und Handwerker und sollt ein Konstrukt planen und bauen, das nach Möglichkeit keiner akuten Einsturzgefahr ausgesetzt sein wird."

Eier können fliegen

Wo: Klassenzimmer und Schulhof
Dauer: 45 Minuten
Jahrgang: ab Klasse 3
Material: rohe Eier, Strohhalme, Klebestreifen, Bierdeckel, leere Toilettenpapierrollen

Anleitung: Die Klasse wird in Kleingruppen von je drei bis fünf Schülern aufgeteilt. Jede Kleingruppe bekommt ein rohes Ei, 25 Strohhalme, eine Rolle Klebestreifen, drei Bierdeckel und zwei Toilettenpapierpapprollen. Die Kleingruppen sollen ihr Ei mithilfe der Materialien so verpacken, dass es einen Fall aus ca. 3 m Höhe unbeschadet übersteht (Abb. 49).

Abb. 49: Ob diese Konstruktion das Ei vor dem Zerbrechen schützen wird?

Hinweis: Diese Aktion kommt bei den Schülern erfahrungsgemäß sehr gut an. Um der Aktion den Hauch eines Experiments zu geben, sollen die Kleingruppen ihrem Flugobjekt noch einen passenden Namen geben und vor dem Flugtauglichkeitstest eine kurze Erklärung abgeben, warum sie sich für ihre Verpackungstechnik entschieden haben.

Geschichte: „Heute Morgen habe ich einen interessanten Bericht in den Nachrichten gesehen. Amerikanische Wissenschaftler wollen herausgefunden haben, dass Eier tatsächlich fliegen können. In modernsten Laboren haben sie über Jahre hinweg Experimente durchgeführt, bis sie letztendlich vor einigen Tagen einen unerwarteten Durchbruch erzielt haben. Ehrlich gesagt, habe ich diese Meldung heute Morgen für einen verspäteten Aprilscherz gehalten. Doch dann dachte ich mir, eigentlich kann das doch gar nicht so schwer sein. Also habe ich mir notiert, welche hochmodernen Hilfsmittel die Wissenschaftler für ihr Experiment benutzt haben, und diese heute auf dem Weg zur Schule noch schnell besorgt. Wenn ihr Lust habt, können wir gleich einmal selbst versuchen, Eier zum Fliegen zu bringen. Na, seid ihr dabei?"

Schräge Vögel

Wo: Klassenzimmer
Dauer: 45 Minuten
Jahrgang: ab Klasse 3
Material: ein Tisch, eine leere Glasflasche, mehrere Packungen Streichhölzer

Anleitung: Die Glasflasche wird auf einen Tisch gestellt. Jeder Schüler der Klasse legt nun nacheinander ein Streichholz auf den Rand der Flaschenöffnung, sodass nach und nach ein nestartiges Gebilde entsteht. Ziel ist es, so viele Streichhölzer wie möglich zu verbauen, ohne dass das Nest einstürzt (Abb. 50). Nachdem alle Schüler der Klasse einmal an der Reihe gewesen sind, soll die Klasse gemeinsam entscheiden, wie viele Streichhölzer sie wohl noch verbauen kann.

Hinweis: Diese Aktion erfordert viel Fingerspitzengefühl von den Schülern. Außerdem besteht die Möglichkeit, dass einige Schüler sich einem sehr starken Druck ausgesetzt fühlen, da die Gefahr droht, dass das Nest bei ihrem Versuch einstürzt und die Klasse womöglich enttäuscht reagiert. Um eine solche Reaktion der Klasse im Vorfeld direkt auszuschließen, sollte man vor Aktionsbeginn deutlich kommunizieren, dass ein Fehlversuch jedem passieren kann und kein Mitschüler dafür in Missgunst geraten darf.

Geschichte: „Es ist Frühling. Höchste Zeit also für die Vögel ihre Nester zu bauen. Das gilt natürlich auch für die Art der schrägen Vögel. Wie jetzt, ihr wisst nicht, was schräge Vögel sind? Na, ihr seid doch die schrägen Vögel! Und weil schräge Vögel etwas ganz besonderes sind, bauen sie auch nicht ganz gewöhnliche Nester. Ihre Nester sind besonders anspruchsvoll und werden mit höchstem Risiko gebaut. Ich würde sagen, das ist genau das Richtige für euch. Also los, worauf wartet ihr noch … ihr schrägen Vögel!“

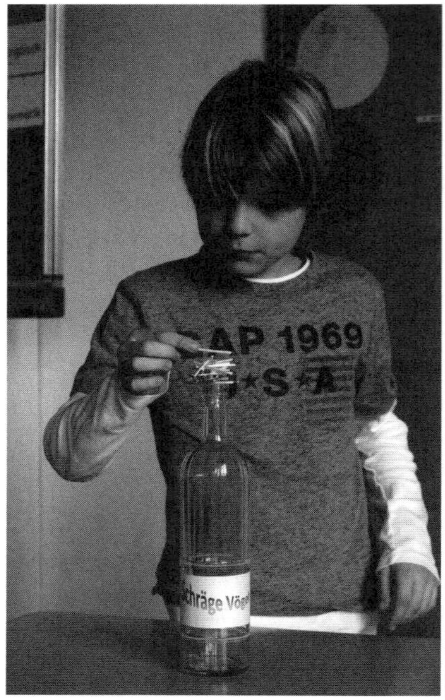

Abb. 50: Das Nest wird immer höher und instabiler.

Im Netz der Seidenspinne

Wo: Turnhalle
Dauer: 60–90 Minuten
Jahrgang: ab Klasse 4
Material: ca. 70–100 m Kletterseil, zwei Volleyballpfosten

Anleitung: Zwischen die beiden Pfosten wird mithilfe des Kletterseils ein Netz geknüpft (alternativ kann auch jede andere Art von Seil benutzt werden). Die Höhe der einzelnen Netzebenen sollte der Größe der Kinder angepasst werden. Mögliche Höhen wären auf 50 cm, 100 cm und 150 cm. Zwischen die einzelnen Ebenen ist das Netz so zu knüpfen, dass die Kinder durch die entstehenden Löcher hindurchpassen. Die Aufgabe für die Klasse besteht darin, von der einen Seite durch das Netz auf die andere Seite zu gelangen. Das Netz darf dabei nicht berührt werden, und die Löcher dürfen, je nach Klassenstärke, nur ein- bis zweimal benutzt werden. Berührt ein Schüler das Netz, gilt der Versuch als gescheitert, und ein neuer Durchgang beginnt.

Hinweis: Diese Aktion kann je nach örtlichen Bedingungen auch auf dem Außengelände der Schule angeboten werden. Für die Durchführung sollte bei 45-minütigen Unterrichtsstunden definitiv eine Doppelstunde eingeplant werden.

Geschichte: „Als ich heute Morgen in der Schule angekommen bin und eure heutige Teamstunde vorbereiten wollte, habe ich hier dieses extrem große Spinnennetz entdeckt. Solch große Spinnennetze sind extrem selten und werden eigentlich nur von der Seidenspinne gesponnen, die in den tropischen Regionen der Erde zu Hause ist. Ich habe absolut keine Ahnung, wie das Netz hierhin gekommen ist. Doch als ich mir das Netz so angeschaut habe, ist mir direkt einmal eine neue Herausforderung für euch eingefallen. Also nutzen wir die Gelegenheit und legen gleich los, denn wer weiß, wann wir mal wieder so ein schönes Netz entdecken werden."

Balljunge

Wo: Klassenzimmer, Turnhalle, Schulhof
Dauer: 45 Minuten
Jahrgang: Klasse 4
Material: viele Tennisbälle

Anleitung: Die Klasse wählt gemeinsam einen Mitschüler aus, der bei dieser Aktion die Aufgabe hat, so viele Tennisbälle wie möglich auf und mit seinem Körper zu tragen bzw. zu balancieren. Die Tennisbälle werden ihm von seinen Mitschülern auf den Körper gelegt. Dabei ist zu beachten, dass der auserwählte Schüler die Aufgabe im Stehen absolviert und die Tennisbälle nicht in Hosentaschen oder andere Kleidungsstücke gestopft werden. Am Ende, wenn der Schüler der Meinung ist, keine weiteren Bälle mehr balancieren zu können, soll er die Balance noch zehn Sekunden halten.

Hinweis: Für diese Aktion benötigt die Klasse ausreichend Planungszeit. Außerdem sollte den Schülern nach einer ersten Runde erneut Planungszeit eingeräumt werden, um die gewonnenen Erkenntnisse für eine veränderte Vorgehensweise nutzen zu können. Bei erfahrenen Klassen oder bei Klassen, die diese Aktion bereits kennen, kann die Aufgabenstellung so variiert werden, dass eine bestimmte Anzahl von Bällen benutzt werden soll oder die zu balancierende Zeit verlängert wird. Eine weitere Variante wäre, dass zwei Schüler in individueller Form Körperkontakt halten müssen und die Tennisbälle auf beide Schüler aufgelegt werden können.

Geschichte: „Am letzten Wochenende habe ich mir das Finale eines der größten Tennisturniere weltweit im Fernsehen angeschaut. Da war ganz schön was los auf dem Tennisplatz. Neben den Spielern, Schieds- und Linienrichtern waren da auch etliche Balljungen und Ballmädchen auf dem Platz unterwegs. Und ständig mussten die den Tennisbällen hinterherrennen, sie einsammeln und dann irgendwie bis zum nächsten Einsatz verstauen. Gar keine so leichte Aufgabe, wie ich finde, denn irgendwie konnten die auch immer nur zwei Tennisbälle in den Händen halten. Es wäre doch total praktisch, wenn es eine Methode gäbe, wie die Balljungen und Ballmädchen viel mehr Tennisbälle gleichzeitig halten oder tragen könnten. Was haltet ihr davon, wenn wir uns hierzu heute einmal ein paar Gedanken machen? Die notwendigen Tennisbälle habe ich euch auch direkt mitgebracht."

Frisbee-Dart

Wo: Schulhof
Dauer: 45 Minuten
Jahrgang: Klasse 4
Material: ein Frisbee, Kreide

Anleitung: Auf dem Schulhof wird mit der Kreide vor Spielbeginn eine aus fünf Kreisen bestehende Zielscheibe aufgemalt. Die dadurch entstehenden Ringe bilden die Punktezonen (1, 2, 3, 4, 5), wobei der äußere Ring einen Punkt darstellt und der innere, kleinste Ring fünf Punkte. Die Aufgabe besteht für die Schüler darin, in einer ersten Runde möglichst viele Punkte durch gezieltes Werfen des Frisbee zu erlangen. Der Durchgang gilt als beendet, wenn jeder Schüler einmal den Frisbee geworfen hat. In einer zweiten Runde soll dann die zuvor erzielte Punktezahl übertroffen werden.

Hinweis: Frisbee-Dart kann in beliebig vielen Runden gespielt werden. Die Schüler werden von Runde zu Runde versuchen, ihrer Wurftechnik zu verbessern und Strategien in der Wurfreihenfolge zu entwickeln. Es besteht auch durchaus die Möglichkeit für die Spielleitung, ab einer gewissen Runde die Klasse herauszufordern, indem eine recht hohe Punktezahl vorgegeben wird. Dies motiviert die Schüler in der Regel noch einmal auf eine ganz neue Weise.

Geschichte: „Letztes Wochenende habe ich mich mit Freunden verabredet. Und wie das manchmal so ist, wussten wir ab einem bestimmten Zeitpunkt nicht so recht, was wir gemeinsam unternehmen könnten. Die einen wollten Frisbee spielen, die anderen waren eher für eine Partie Dart. Da wir uns nach fünf Minuten immer noch nicht einig waren, schlug einer aus unserer Gruppe vor, Frisbee-Dart zu spielen. Zuerst haben wir ganz verdutzt geschaut, denn Frisbee-Dart hatte noch nie jemand von uns gehört. Aber als wir es dann spielten, machte es direkt so viel Spaß, dass ich mir dachte, das wäre doch auch einmal ein Spiel für euch. Also aufgepasst, hier kommen die Regeln."

Schaffe, schaffe, Häusle baue

Wo: Klassenzimmer
Dauer: 45 Minuten
Jahrgang: Klasse 4
Material: ein Tisch, eckige Bierdeckel

Anleitung: Die Klasse bekommt die Aufgabe, aus den Bierdeckeln ein klassisches Kartenhaus auf einem Tisch aufzubauen. Dabei soll von Runde zu Runde ein neues Kartenhaus mit jeweils einer Etage mehr als zuvor entstehen. Der Reihe nach soll immer ein Schüler zwei Wände aufstellen und ein Schüler den Bierdeckel für die Decke/den Boden ablegen. Ein Limit an Etagen gibt es nicht. Stürzt das Kartenhaus ein, wird eine Zwischenreflexion eingebaut und ein neuer Versuch beginnt.

Hinweis: Um den Schülern eine gewisse Sicherheit in der Bautechnik zu geben, kann zunächst in einer Schulstunde die Möglichkeit geboten werden, dass jeder Schüler für sich mit Bierdeckeln ein möglichst hohes Kartenhaus baut. In der darauf folgenden Stunde kann dann die Klasse gemeinsam an einem Haus bauen. Dies verringert die Gefahr von zu großer Frustration bei zu vielen Fehlversuchen bzw. das Risiko, dass einzelne Schüler sich als schlechtere Konstrukteure wahrnehmen.

Geschichte: „Einige von euch wohnen mit ihren Familien in einem eigenen Haus. Und ich könnte mir vorstellen, dass viele von euch später auch einmal in einem eigenen Haus leben möchten. Um ein Haus zu bauen, benötigt man, neben einem ganzen Haufen Geld, auch ein gewisses handwerkliches Geschick. Bei vielen dabei anfallenden Arbeiten braucht man ein hohes Maß an Konzentration und Fingerspitzengefühl, damit am Ende der Bauphase alles perfekt aussieht und man sich rundum wohlfühlen kann in den eigenen vier Wänden. Und wie heißt es doch so schön:

Früh übt sich, wer ein Meister werden will. Deshalb beginnen wir heute bereits damit, eure Konzentrationsfähigkeit und euer Fingerspitzengefühl zu trainieren, und bauen unser erstes kleines Haus. Das Baumaterial dafür habe ich euch mitgebracht."

Hin und her

Wo: Klassenzimmer, Aula
Dauer: 45 Minuten
Jahrgang: ab Klasse 4
Material: ein Stuhl pro Schüler, drei Karten mit jeweils einer Aufgabenstellung

Anleitung: Die Stühle stehen wahllos in dem Klassenzimmer/der Aula herum. Die Klasse wird in drei gleich große Gruppen aufgeteilt und jede Gruppe erhält eine Karte mit einer Aufgabenstellung. Die drei Aufgabenstellungen lauten wie folgt: „Stellt die Stühle in einer Reihe auf!", „Stellt die Stühle mit den Füßen nach oben auf!" und „Stellt die Stühle an einer Wand auf!". Jede Gruppe muss für sich an ihrer Aufgabenstellung arbeiten und darf ihren Arbeitsauftrag keiner der beiden anderen Gruppen verraten. Während der Durchführung darf innerhalb der Gruppen nicht gesprochen werden.

Hinweis: Diese Aktion sollte man nur dann im Klassenzimmer stattfinden lassen, wenn dort ausreichend Platz zur Verfügung steht. Ansonsten bietet es sich an, in die Aula oder andere Räume wie Turnhalle oder Schulhof auszuweichen. Die Stühle müssen dann von jedem Schüler mitgebracht werden. Wenn der Wettkampfcharakter, den die Aktion durchaus bietet, während der Spielphase zu dominant wird, sollte eine kurze Zwischenreflexion angeboten werden, damit die Gruppen neue Lösungswege entwickeln können.

Geschichte: Der Spielleiter steht grübelnd vor der Klasse: „Wie ist es wohl am besten? So oder so? Oder vielleicht doch besser so? Oh je … ich weiß es einfach nicht! Gut dass ihr jetzt da seid. Ihr müsst mir unbedingt helfen. Ich weiß einfach nicht wohin mit den Stühlen. Aber wie ich euch kenne, wisst ihr bestimmt die Lösung."

Quidditch für Anfänger

Wo: Turnhalle
Dauer: 60 Minuten
Jahrgang: Klasse 4
Material: ein bis zwei Turnringe, ein Gymnastikreifen, ein Seil, ein Tennisball, eine Stoppuhr

Anleitung: Zunächst wird der Gymnastikreifen mithilfe des Seils an den Turnringen befestigt und auf ca. 2 m Höhe hochgezogen. Die Klasse bekommt nun die Aufgabe gestellt, den Tennisball so oft wie möglich innerhalb von drei Minuten durch den Gymnastikreifen zu werfen und ihn auf der anderen Seite wieder zu fangen (Abb. 51). Fällt der Tennisball auf den Boden oder fliegt er in der Wurfphase nicht durch den Gymnastikreifen, gilt der Versuch als gescheitert. Weitere Vorgaben werden nicht getätigt.

Abb. 51: Hier wird Quidditch gespielt.

Hinweis: Bei dieser Aktion ist es interessant zu beobachten, wie die Klasse die Planungsphase gestaltet. Häufig erscheint die Aufgabe auf den ersten Blick für die Schüler nicht sonderlich anspruchsvoll zu sein. Jedoch stellt sich in der Regel schnell heraus, dass das Auffangen des Tennisballs von ihnen unterschätzt wird. Ein weiterer erschwerender Faktor tritt dann auf, wenn der Tennisball den Gymnastikreifen während der Wurfphase berührt und der Reifen sich zu drehen beginnt. Besonders in dieser Situation kann eine weitere Planungsphase von Vorteil sein.

Geschichte: „Seit den Harry-Potter-Büchern ist eine Sportart in aller Munde: Quidditch. Und mit oder ohne Zauberbesen gehört diese Sportart zu den wohl anspruchsvollsten und zugleich spannendsten Sportarten unserer Zeit. Höchste Zeit also für uns, diese Sportart einmal genauer zu betrachten und erste sportliche Gehversuche zu starten. Mit ein wenig Übung und guter Teamarbeit dürfte das doch eigentlich nicht allzu schwer sein."

Hula Hoop ohne Hoop

Wo: Turnhalle, Schulhof
Dauer: 45 Minuten
Jahrgang: ab Klasse 4
Material: ein langes Seil

Anleitung: Das Seil wird auf dem Schulhof so ausgelegt, dass ein Kreis mit einem Durchmesser von ca. 2,50 m entsteht. Die Klasse erhält die Aufgabe, sich in den Kreis zu stellen und das Seil auf Hüfthöhe zu bringen. Dabei dürfen die Schüler das Seil nicht mit ihren Händen berühren. Zusätzlich dürfen die Schüler, die bereits einmal in Kontakt mit dem Seil gewesen sind, diesen auch nicht mehr verlieren.

Hinweis: Die Schüler können während der Durchführung ihren Mitschülern Hilfestellung leisten, indem sie sich gegenseitig stützen, um beispielsweise während des Versuchs das Gleichgewicht halten zu können oder das Seil mit den Füßen anzuheben und auf Hüfthöhe zu bringen. Wenn sich diese Aufgabe als zu schwierig für die Großgruppe erweist, kann die Übung auch zunächst in kleineren Gruppen mit einem kleineren Kreis gespielt werden.

Geschichte: „1958 erfand ein amerikanischer Spielzeughersteller einen Kunststoffreifen, den man um seine Hüften kreisen lassen konnte: Den Hula-Hoop-Reifen. Der Begriff ‚Hula' steht dabei für einen hawaiianischen Tanz, wobei ‚Hoop' das englische Wort für Reifen ist. Nun, leider haben wir keinen Reifen, sondern lediglich diesen aus einem Seil gelegten Kreis. Vielleicht findet ihr ja auch eine Möglichkeit, ohne einen Reifen dieses Seil um eure Hüften kreisen zu lassen."

Engpass

Wo: Klassenzimmer, Aula
Dauer: 45 Minuten
Jahrgang: ab Klasse 4
Material: ein Stuhl pro Schüler, ein Blatt, ein Stift

Anleitung: Die Stühle werden in einer Reihe mit einem Abstand von je 20 cm nebeneinandergestellt. Anschließend stellt sich jeder Schüler auf einen der Stühle. Die von den Schülern gewählte Aufstellung wird von der Spielleitung notiert. Die Aufgabe für die Schüler besteht nun darin, sich nach den Anfangsbuchstaben ihrer Vornamen zu sortieren. Dabei darf kein Schüler von den Stühlen herunterfallen oder den Boden berühren. Geschieht dies doch, müssen die Schüler zurück zu ihrer ursprünglichen Position, und die Aufgabe beginnt von vorn.

Hinweis: Vor Beginn der Aktion müssen die Schüler darauf hingewiesen werden, dass sie nicht unter Zeitdruck stehen und die Aktion eine gewisse Unfallgefahr mit sich bringt. Daher sollen die Schüler konzentriert und überlegt agieren und gut aufeinander achten. Wenn die Aufgabe gelöst wurde und noch ausreichend Zeit vorhanden ist, kann man die Schüler sich dann noch nach ihren Nachnamen sortieren lassen. Da die Schüler in der Regel nun eine Taktik entwickelt haben, nimmt dieser zweite Durchgang erfahrungsgemäß nicht mehr viel Zeit in Anspruch.

Geschichte: „Im Leben kann es in den verschiedensten Situationen immer wieder einmal zu Engpässen kommen. Das habt ihr hier in der Schule bestimmt auch schon einmal erlebt, zum Beispiel wenn uns eine Krankheitswelle erwischt und viele Lehrer und Erzieher krank werden und nicht arbeiten kommen können. Dann entsteht ein Lehrer- oder Personalengpass. Engpässe treten aber auch auf, wenn man mal knapp bei Kasse ist, also wenn man zu wenig Geld hat, oder aber, wenn man einmal über einen längeren Zeitraum keine Zeit für bestimmte Freizeitaktivitäten oder seine Freunde hat. Heute habt ihr es aber mit einem ganz besonderen Engpass zu tun. Ihr steht heute auf einem Engpass, und dieser stellt euch vor eine Herausforderung. So wie ich euch einschätze, nehmt ihr die doch ganz bestimmt an, oder?!"

Wie die alten Ägypter

Wo: Turnhalle
Dauer: 45 Minuten
Jahrgang: ab Klasse 4
Material: sechs Turnmatten

Anleitung: Aus den Turnmatten wird eine rechteckige Fläche gebildet. Die Klasse erhält die Aufgabe, aus zunächst zehn Schülern eine Pyramide zu bauen. Diese Pyramide muss aus vier Ebenen bestehen und soll am Ende zehn Sekunden halten. Gelingt diese Aufgabe, kann in einem zweiten Durchgang die Zahl der zu beteiligenden Schüler auf 15 erhöht werden. Dadurch erhält die Pyramide eine fünfte Ebene.

Hinweis: Die Schüler, die bei dieser Aktion nicht als Teil der Pyramide beteiligt sind, leisten Hilfestellung, um die Pyramide während der Bauphase stabil zu halten. Dafür muss den Schülern vor Beginn der Aktion deutlich gemacht werden, dass bei dieser Übung ein gewisses Verletzungsrisiko gegeben ist. Hier übernimmt jeder Verantwortung zum Wohl der Klasse. Außerdem ist es ratsam, vor Beginn der Aufgabe die Schüler zu fragen, wer bereit wäre, als Teil der Pyramide zu fungieren, und wer sich in der Rolle des Hilfegebers wohler fühlt.

Geschichte: „Jeder von uns kennt Bilder von den Pyramiden in Ägypten. Und sicher wisst ihr auch, dass die Pyramiden die Grabstätten der Pharaonen sind. Doch wenn man sich einmal überlegt, wie alt diese Pyramiden bereits sind, dann fragt man sich schon, wie die Ägypter ohne Bagger und Kran solche imposanten Bauwerke entstehen lassen konnten. Allein der Bau der wohl bekanntesten Pyramide, der Cheops-Pyramide, hat zwanzig Jahre in Anspruch genommen. Heute wollen wir auch einmal eine Pyramide entstehen lassen, ganz ohne Steine, sondern nur durch euch als Baumaterial. Ich bin gespannt, ob wir es etwas schneller schaffen als die alten Ägypter.“

Regenbogentipi

Wo: Schulhof
Dauer: 60 Minuten
Jahrgang: ab Klasse 4
Material: ein 2 m langer Holzstab, ein Schwungtuch mit 3 m Durchmesser und einem Loch in der Mitte, ein Ziegelstein, etwas Seil

Anleitung: Der Holzstab wird durch das Loch in der Mitte des Schwungtuchs gesteckt. Je nach Jahrgangsstufe verknotet man das Schwungtuch auf 1,50 m bis 1,80 m Höhe mit Hilfe des Seils an dem Holzstab. Anschließend wird beides auf dem Boden ausgelegt, sodass das Schwungtuch noch einen einigermaßen ordentlichen Kreis darstellt. Der Ziegelstein wird neben das Schwungtuch gelegt. Die Aufgabe besteht darin, die Holzstange aufzurichten und für zehn Sekunden senkrecht stehend auszubalancieren. Um die Aufgabe lösen zu können, muss sich die Klasse gleichmäßig um das Schwungtuch herum verteilen, das Schwungtuch unter Spannung bringen und durch ausgeglichenes Ziehen und Anspannen des Tuchs sowie mithilfe des Ziegelsteins als Stützpunkt die Stange aufrichten.

Hinweis: Für die Planungsphase ist es wichtig, dass die Klasse zunächst einen freien Blick auf die Materialien hat. Die Klasse muss erkennen, dass ohne den Einsatz des Ziegelsteins als Stütze die Aufgabe so gut wie nicht zu lösen sein wird. Alternativ kann man die Aktion auch ohne Ziegelstein anbieten. Dann muss die Klasse zusätzlich erkennen, dass ein Stützpunkt benötigt wird, sich diesen auf dem Schulhof suchen und dort versuchen, die Aufgabe zu lösen.

Geschichte: „Die alten Indianer haben viele große Feste gefeiert. Da gab es zum Beispiel das heilige Fest der Flöten, die Zauberpfeil-Zeremonie oder aber auch das Regenbogenfest. Das Regenbogenfest wurde immer dann gefeiert, wenn nach einer langen Regenzeit die Sonne wieder am Himmel zu sehen war und sich mit den letzten Regentropfen ein Regenbogen am Himmel zeigte. Und für die erste Nacht nach so einer Regenzeit bauten die Indianer ganz besondere Zelte auf: die sogenannten Regenbogentipi. Das war eine ziemlich kniffelige Angelegenheit, und nur die erfahrensten Stammesältesten wussten, wie so ein Regenbogentipi aufzubauen war. Ich habe sehr lange im Internet recherchieren müssen, um so eine Bauanleitung zu finden. Und genau deshalb werden wir jetzt auch direkt mal den Versuch starten, so ein Regenbogentipi nachzubauen."

3.3 Aktionen zum Thema Vertrauen

Bei den folgenden Angeboten zu dem Thema Vertrauen wurde bewusst auf den Einsatz von Geschichten verzichtet, da den Schülern das Gespür für die Wichtigkeit dieser Thematik, die möglicherweise durch den Einsatz einer humorvollen oder spannenden Geschichte gemindert werden könnte, vollständig erhalten bleiben soll.

Pendeln

Wo: Schulhof, Turnhalle
Dauer: 45 Minuten
Jahrgang: Klasse 4
Material: –

Anleitung: Die Klasse wird in Kleingruppen von jeweils drei Kindern aufgeteilt. Jede einzelne Kleingruppe stellt sich hintereinander auf, wobei zwei Kinder sich gegenüberstehen und das dritte Kind hinter einem der beiden anderen steht. Der Abstand zueinander sollte recht nah sein (Abb. 52). Das Kind in der Mitte soll sich nun, steif wie ein Brett, in die Arme seiner Klassenkameraden fallen lassen. Hierzu hält es die Arme senkrecht am Körper herunter. Die beiden auffangenden Klassenkameraden nehmen eine stabile Standposition ein. Ideal ist ein ganz leichter Ausfallschritt. Die Arme werden aufrecht in Auffangposition gehalten, die Handflächen zeigen flach zu dem pendelnden Schüler. Hat einer der beiden Klassenkameraden seinen Mitschüler aufgefangen, führt er ihn behutsam wieder nach vorne, bis dieser in die andere Richtung zum gegenüberstehenden Schüler pendelt.

Abb. 52: Mit Körperspannung und Vertrauen gelingt diese Übung.

Hinweis: Bei dieser Übung kann das Problem auftreten, dass einzelne Kinder nicht mit der Nähe zu ihren Klassenkameraden zurechtkommen.

Tritt dieser Fall auf, muss das Kind entscheiden, ob es weiterhin an dieser Übung teilnehmen möchte oder lieber verzichtet. Der Abstand der beiden außenstehenden Schüler kann sich nach einigen Versuchen erhöhen. Wichtig ist, dass der pendelnde Schüler sich jederzeit sicher fühlt. Er entscheidet auch, wann ihm der Abstand ausreicht und wann er die Übung unter- bzw. abbrechen möchte.

Sturmfront

Wo: Schulhof, Turnhalle
Dauer: 45 Minuten
Jahrgang: Klasse 4
Material: eine Sportmatte

Anleitung: Die Klasse wird in zwei Gruppen aufgeteilt. Eine Gruppe verteilt sich in einem zuvor definierten Raum auf dem Schulhof bzw. in der Turnhalle. Die zweite Gruppe unterteilt sich erneut in kleinere Gruppen zu je vier Kindern, die sich am Rand des Aktionsfeldes positionieren. Dort erhalten sie die Zuordnung „Sturmfront eins", „Sturmfront zwei", usw., je nach Anzahl der Kleingruppen. Auf das Kommando der Spielleitung „Sturmfront eins" wählt die erste Kleingruppe ein Kind im Aktionsfeld aus und bewegt sich zu ihm hin. Dort angekommen, tippen sie dem Kind vorsichtig auf die Schultern. Dies ist für das Kind das Zeichen, dass es nun von der Kleingruppe sanft nach hinten in deren Arme umgelegt und an den Rand des Aktionsfeldes abtransportiert wird. Dort angekommen, wird es sanft auf eine Sportmatte abgelegt. Für das Umlegen muss sich das ausgewählte Kind steif wie ein Brett machen und dabei die Arme gerade am Körper halten.

Hinweis: Bevor diese Aktion angeboten wird, ist es ratsam, die Übung „Pendeln" in einer vorangegangenen Stunde durchgeführt zu haben, da es einige Kinder nicht auf Anhieb beherrschen, den Körper gerade und steif zu halten. Bei den Schülern im Aktionsfeld muss außerdem darauf geachtet werden, dass diese in einem entsprechenden Abstand verteilt stehen, damit für das Umlegen einzelner Schüler ausreichend Bewegungsfreiheit gegeben ist.

Bodyguards

Wo: Turnhalle
Dauer: 45 Minuten
Jahrgang: Klasse 4
Material: Softbälle, eine Augenbinde

Anleitung: Drei Schüler bilden eine Kleingruppe, in der ein Schüler mithilfe der Augenbinde „erblindet". Die restlichen Schüler erhalten je einen Softball und stellen sich in einer Reihe nebeneinander auf. Der erblindete Schüler wird nun mit einem Abstand von ca. 5 m von einem der beiden Schüler aus seiner Kleingruppe an der Schülerreihe vorbeigeführt. Die Schüler in der Reihe versuchen, den erblindeten Schüler in dem Moment mit den Softbällen abzuwerfen, wenn er sich ihrer Höhe befindet. Der dritte Schüler der Kleingruppe hat die Aufgabe, die Bälle abzuwehren, sodass kein Ball den blinden Schüler trifft.

Hinweis: Den Schülern, die mit Softbällen ausgestattet sind, muss im Vorfeld deutlich gemacht werden, dass es sich bei dieser Aktion nicht um ein Wettspiel handelt, bei dem es einen Gewinner und einen Verlierer gibt. Vielmehr soll ihn verdeutlicht werden, dass es darum geht, einerseits aufeinander achtgeben zu können und sich andererseits auf die Hilfe und Unterstützung anderer einlassen und ihnen vertrauen zu können.

Vertrauensgang

Wo: Turnhalle
Dauer: 45 Minuten
Jahrgang: Klasse 4
Material: eine Holzstange pro Kinderpaar

Anleitung: Die Klasse teilt sich in Paare auf. Jedes Paar bekommt eine Holzstange, die an den Enden jeweils von einem Kind mit nach unten gestrecktem Arm vor dem Körper gehalten wird. Wenn sich nun die einzelnen Paare in einer Reihe nebeneinander aufstellen, entsteht eine horizontale Leiter (Abb. 53). Aufgabe ist nun, dass jeder Schüler einmal von der einen Seite über die Stangen zur anderen Seite balanciert. Dabei darf sich der aktive Schüler vorsichtig an den Köpfen seiner Mitschüler abstützen.

Hinweis: Für diese Aufgabe ist ein großes Maß an Konzentration, Kraft und Körperspannung gefragt. Auch wenn hier der Körper nicht steif gehalten werden muss, werden sowohl der aktive Schüler als auch die Schüler an den Stangen schnell feststellen, dass der ganze Körper bei dieser Aufgabe beteiligt ist. Um den Schwierigkeitsgrad zu erhöhen, kann man eine bestimmte Strecke markieren, die überquert werden muss. In dem Fall müssen die Schüler, über deren Holzstange der aktive Schüler bereits gewandert ist, zum anderen Ende vorlaufen und dort die horizontale Leiter verlängern. Diese Variante sollte jedoch nur mit sehr fitten Klassen durchgeführt werden.

Abb. 53: Die Schüler lernen, sich aufeinander verlassen zu können.

Blindschleiche

Wo: Schulhof
Dauer: 45 Minuten
Jahrgang: Klasse 4
Material: Augenbinden

Anleitung: Die Klasse stellt sich in einer Reihe auf, und zwar so, dass ein Kind vorne steht und die dahinter stehenden Kinder ihrem Vordermann auf den Rücken schauen. Der Abstand zwischen den Kindern sollte nur so groß sein, dass jeder seinem Vordermann bequem die Hände auf die Schultern legen kann. Nun ziehen sich alle Kinder, bis auf das letzte Kind, die Augenbinden an. Anschließend legen sie ihre Hände auf die Schultern ihres Vordermanns. Das letzte Kind in der Reihe hat nun die Aufgabe, die „Blindschleiche“ in Bewegung zu bringen und diese zu steuern. Dies geschieht lediglich durch unterschiedliche Klopfzeichen auf die Schultern des Vordermanns: Zweimal mit beiden Händen gleichzeitig klopfen bedeutet „Los“, einmal mit beiden Händen gleichzeitig klopfen signalisiert „Stopp“. Einmal klopfen auf die rechte Schulter bedeutet „ca. 90 Grad nach rechts“ und einmal klopfen auf die linke Schulter heißt „ca. 90 Grad nach links“.

Hinweis: Eine bestimmte Strecke, die es zwingend zu absolvieren gilt, gibt es bei dieser Aufgab nicht. Wichtig ist, dass der letzte Schüler in der Reihe absolut zuverlässig und vorausschauend agiert und sich die Gruppe insgesamt extrem konzentriert. Nach ca. zehn Minuten sollte eine kurze Unterbrechung erfolgen, in der die Kinder die Augenbinden abnehmen und verschnaufen können, da die Aufgabe für die Altersgruppe sehr anstrengend ist. Bei Wiederaufnahme kann der letzte Schüler in der Reihe abgelöst werden.

Sammelpunkt

Wo: Schulhof, Turnhalle
Dauer: 45 Minuten
Jahrgang: Klasse 4
Material: Augenbinden, 10–20 m Seil

Anleitung: Mithilfe des Seils wird ein Kreis auf dem Aktionsgelände ausgelegt. Dieser Kreis bildet den Sammelpunkt für diese Aktion. Jeder Schüler erhält eine Augenbinde und setzt diese auf. Im Anschluss werden die Schüler auf dem Spielgelände verteilt. Einem der Schüler wird dann die

Augenbinde wieder abgenommen. Dieser stellt sich nun in den Kreis und muss seine Mitschüler durch akustische Signale zu dem Kreis dirigieren. Den Kreis darf er ab sofort nicht mehr verlassen. Die Signale dürfen lediglich in Form von Lauten gegeben werden.

Hinweis: Bevor die Aufgabe angegangen werden kann, erhalten die Schüler 15 Minuten Zeit für die Planungsphase. Hier sollte nochmal ausdrücklich darauf hingewiesen werden, dass Ansagen wie „rechts“, „links“, „vor“ und „zurück“ nicht erlaubt sind. Auch die direkte Ansprache eines konkreten Schülers ist nicht gestattet. Bei der Auswahl des Spielgeländes sollte im Vorfeld darauf geachtet werden, dass keine Hindernisse und Stolperfallen wie Bänke, Treppenstufen oder Baumwurzeln die Schüler einer unnötigen Verletzungsgefahr aussetzen.

Blindes Vertrauen

Wo: Schulhof
Dauer: 45 Minuten
Jahrgang: Klasse 4
Material: ca. 100 m Seil, Augenbinden

Anleitung: Auf dem Schulhof wird eine Strecke mithilfe des Seils gespannt. Start und Ziel können dabei an der gleichen Stelle liegen. Die Kinder finden sich paarweise zusammen. Jeweils ein Kind erhält eine Augenbinde und setzt diese auf. Die Aufgabe besteht für das „erblindete“ Kind nun darin, die mit dem Seil abgesteckte Strecke ohne den Sehsinn zurückzulegen. Dafür soll sich das Kind Stück für Stück von dem Seil führen lassen. Der ausgewählte Partner begleitet das Kind und dient lediglich als moralische Unterstützung und zur Absicherung, damit sich das „erblindete“ Kind bei schwierigerem Gelände keine Verletzungen zuzieht (Abb. 54).

Hinweis: Diese Aktion sollte erst dann durchgeführt werden, wenn die Kinder bereits im Vorfeld einmal leichtere Aktionen erlebt haben, bei denen der Sehsinn ausgeschaltet wurde. Wenn das Gelände des Schulhofs keine interessante und abwechslungsreiche Streckenführung ermöglicht, kann man auch in der Turnhalle mithilfe der dort zur Verfügung stehenden Geräte einen Parcours entstehen lassen, den es dann wie vorab beschrieben zu durchqueren gilt.

Abb. 54: Ein Partner kann ein Gefühl von Sicherheit vermitteln.

Der Pfad am Abgrund

Wo: Klassenzimmer
Dauer: 45 Minuten
Jahrgang: Klasse 4
Material: sechs Tische, eine Augenbinde

Anleitung: Bis auf die für diese Übung benötigten sechs Tische wird alles im Klassenzimmer stehende Mobiliar (Tische, Stühle, Tornister etc.) an den Rand geschoben. Die sechs Tische werden nun so aneinandergestellt, dass sie eine verwinkelte Wegstrecke ergeben. Ein Schüler der Klasse wird an einem Ende des Weges positioniert und bekommt die Augenbinde aufgesetzt. Die restlichen Schüler verteilen sich auf beiden Seiten entlang der Tische. Der „erblindete" Schüler soll nun auf den Tisch klettern und auf allen Vieren versuchen den Weg krabbelnd auf den Tischen zu überqueren. Seine Mitschüler entlang der Tische passen auf, dass er nicht vom Tisch herunterfallen kann.

Hinweis: Diese Aktion kann in zwei Schwierigkeitsstufen in Bezug auf die Absturzsicherung durchgeführt werden. Die leichtere und zu Beginn sichere Variante ist die, dass die Mitschüler die Handflächen senkrecht nach vorne strecken und somit eine Art Sicherungswand bilden. Schwieriger wird es, wenn die Kinder auf der Seite, wo ein möglicher Absturz droht, ein Wortsignal wie beispielsweise „Achtung“ geben. Dabei muss darauf geachtet werden, dass das Signal lediglich von der Seite kommt, wo auch tatsächlich der Absturz droht, da ansonsten der krabbelnde Schüler unnötig verunsichert wird.

Balanceakt

Wo: Schulhof
Dauer: 45 bis 60 Minuten
Jahrgang: Klasse 4
Material: Slackline, ein langes Seil, Augenbinden

Anleitung: Für diese Aufgabe werden zwei Bäume oder Pfosten von Klettergerüsten benötigt, zwischen die eine Slackline gespannt wird. Der Abstand sollte mindestens 10 m betragen, kann jedoch beliebig variiert werden. Das Seil wird locker zwischen die beiden Bäume/Pfosten gebunden. Es dient als Stütze für die Schüler, während sie über die Slackline balancieren. Die Höhe sollte dabei so gewählt werden, dass sich das Seil auf Brusthöhe der Schüler befindet. Die Schüler finden sich für diese Aufgabe paarweise zusammen. In einem ersten Durchgang soll ein Schüler von der einen Seite über die Slackline zur anderen Seite balancieren, während sein Partner ihn nebenher begleitet und ihm Sicherheit vermittelt. Auf dem Rückweg werden die Rollen gewechselt. Im zweiten Durchgang „erblindet“ einer der Schüler mithilfe der Augenbinde während die Aufgabenstellung die gleiche bleibt.

Hinweis: Während der zweiten Runde bekommt die Rolle der Begleitperson eine viel entscheidendere Funktion. Der sehende Schüler muss seinem Partner konkrete Anweisungen geben, damit dieser zunächst sicher auf die Slackline gelangt. Anschließend kann er durch motivierenden Zuspruch seinem Partner Sicherheit und Vertrauen schenken, sodass dieser mit Ruhe seine Aufgabe bewältigen kann. Diese Aktion kann unter Verwendung von Volleyballpfosten auch in der Turnhalle angeboten werden, falls auf dem Schulgelände keine entsprechenden Bedingungen existieren.

La Ola

Wo: Schulhof, Turnhalle
Dauer: 45 Minuten
Jahrgang: Klasse 4
Material: –

Anleitung: Die Schüler stellen sich paarweise gegenüber in einer Reihe auf, sodass eine Gasse entsteht. Der Abstand zwischen den gegenüberstehenden Schülern sollte so groß sein, dass sich deren Fingerspitzen bei ausgestreckten Armen gerade so berühren. In einer ersten Runde dürfen nun die Schüler nacheinander einen Gang durch die La-Ola-Welle wagen. Kommt ein Schüler an der Gasse an, reißen seine Mitschüler nacheinander die Arme hoch, sodass er unversehrt die Gasse durchqueren kann. Immer dann, wenn der Schüler an einem der Paare vorbei ist, nimmt das jeweilige Paar die Arme wieder herunter. Dadurch entsteht die bekannte La-Ola-Bewegung. In weiteren Runden kann nun das Tempo gesteigert oder die Art der Bewegung variiert werden: vom langsamen Laufen bis hin zum Sprint, rückwärtsgehend oder auf einem Bein hüpfend.

Hinweis: Bei dieser Aktion sollten die Schüler immer selbst entscheiden dürfen, auf welche Art sie die Gasse durchqueren möchten. Es ist auch vorstellbar, dass die Schüler eigene Vorschläge machen. Hierbei tritt gelegentlich etwas Übermut auf, und die Spielleitung muss genau abwägen, ab welchem Punkt das Unfall- und Verletzungsrisiko zu groß wird.

4 Zwei Jahre nach der Grundschulzeit – ein Experiment

Um herauszufinden, wie nachhaltig ein regelmäßig platziertes erlebnispädagogisches Angebot im Rahmen der Grundschule wirken kann, wurde die OGS-Klasse des Abschlussjahres 2014 an der Albert-Schweitzer-Schule in Neuss zwei Jahre nach Verlassen der Grundschule zu einem kleinem Experiment eingeladen. Alle Kinder dieser Klasse hatten den offenen Ganztag der Schule besucht und während ihrer vierjährigen Grundschulzeit einmal wöchentlich eine erlebnispädagogische Projektstunde fest in ihrem Stundenplan verankert. Ziel dieser Stunde war es, die Team- und Kooperationsfähigkeit der Schüler zu fördern. An diesem Experiment nahmen 21 von 23 Schülern der Klasse teil.

Bereits während die einzelnen Schüler nach und nach auf dem Schulgelände eintrafen, wurde spürbar, dass zwischen den Schülern noch eine indirekte Verbindung bestand. Die Freude über das Wiedersehen war groß, und die Schüler traten direkt in einen vertrauten Austausch. Innerhalb kürzester Zeit waren der Umgang und das Miteinander so vertraut, dass der Eindruck einer Gruppe entstand, die in dieser Konstellation tagtäglich zusammenkäme.

Die Aufgabe, mit der die Klasse konfrontiert wurde, war das Kooperationsspiel „Tower of Power“. Mithilfe eines Drahttrapezes sollten acht Holzklötze, die jeweils mit einem Einschnitt im oberen Drittel versehen waren, zu einem möglichst hohen Turm gestapelt werden. Das Trapez hing an einer Holzscheibe, an der 24 Schnüre befestigt waren. Die Aufgabe konnte nur gelöst werden, indem jeder Schüler eine Schnur griffe, die Schnüre gemeinsam unter Spannung gebracht würden und dann durch geschicktes Steuern des Drahttrapezes die Holzklötze angehoben und übereinander platziert würden (Abb. 55).

Nachdem die Aufgabe gestellt worden war, folgte von einem der Schüler selbstbewusst die Aussage „Das schaffen wir doch!“, und schon begab sich die Klasse hochmotiviert an den Ort des Geschehens. Was nun folgte, war ein für Außenstehende wild und durcheinander wirkendes Gemurmel von Ansagen und Anweisungen, doch kurz darauf hob die Klasse bereits den ersten Holzklotz an und setzte diesen auf dem Basisklotz ab. Es folgten die Klötze zwei bis fünf, von denen jeder einzelne ohne größere Absprachen sicher platziert wurde.

Doch mit Klotz Nummer sechs verfiel die Klasse in eine Lässigkeit, was dazu führte, dass der Holzklotz beim Versuch, diesen anzuheben, von dem Trapez abrutschte und zu Boden fiel. Während ein Großteil der Jungs

Abb. 55: Zwei Jahre später – und noch immer ein Team.

eher gelassen und mit Albereien auf diesen Fehlversuch reagierte, zeigten sich die Mädchen sowie einige der Jungen eher enttäuscht. Auch bei Klotz Nummer sieben scheiterte der Versuch, diesen anzuheben. Die ersten Schuldzuweisungen vonseiten der Mädchen an einzelne Jungen, die durch coole Sprüche und entsprechendes Verhalten aufgefallen waren, traten auf. Gleichzeitig wurde durch einen Großteil der Klasse der Wunsch nach einem Koordinator für diese Aufgabe geäußert.

Sofort fielen die ersten Vorschläge für entsprechende Kandidaten, die so auch schon häufig während der aktiven Grundschulzeit genannt worden waren. Das Vertrauen in die Führungsqualitäten dieser Schüler schien während der vergangenen zwei Jahre nicht verloren gegangen zu sein. Die Klasse entschied sich für eine Mitschülerin, die ab diesem Zeitpunkt die Klasse führte. Mit der Wahl der Koordinatorin kam der Ehrgeiz der Klasse zurück, auch noch die restlichen Klötze auf dem bereits stehenden Turm zu platzieren, was der Klasse nun auch ohne weitere Fehlversuche gelang. Es folgte ein kurzer Jubel, der jedoch mehr nach einer Selbstverständlichkeit klang, als dass er den Eindruck erweckte, dass die Klasse für sich etwas Besonderes erreicht hätte.

Auch in der anschließenden Reflexion der Ereignisse setzte sich dieser Eindruck fort. Die Klasse schaffte es, ihre Vorgehensweise kritisch zu hinterfragen sowie Möglichkeiten der Verbesserung zu benennen. Über eines waren sich die 21 Schüler jedoch einig: „Dafür, dass wir zwei Jahre so nicht mehr miteinander gearbeitet haben, war das schon gut. Wir hätten es aber sicherlich auch besser machen können."

Von außen beobachtet bestätigte das Geschehen den Eindruck, den man bereits vor Beginn der Aktion hatte gewinnen können. Die Schüler vermittelten während des gesamten Verlaufs den Eindruck eines Teams, das um seine Stärken weiß, seine Schwächen gekonnt kompensiert und nahezu ununterbrochen zielgerichtet kooperiert. Schuldzuweisungen an einzelne Mitschüler waren nahezu nicht gegeben. Stattdessen dominierte ein permanentes „Wir-Gefühl", das die Schüler wie ein unsichtbares Band zusammenhielt und ihnen Sicherheit und Vertrauen in die erlernten Kompetenzen vermittelte.

Es war beeindruckend, was man als außenstehender Beobachter während des Spielverlaufs erleben durfte. Diese Schüler haben deutlich gemacht, dass sie die erlernten Kompetenzen innerhalb der letzten zwei Jahre keineswegs wieder verlernt hatten. Vielmehr wurde deutlich, dass diese Kompetenzen tief in ihnen verankert sind und dass die Grundschulzeit einem jungen Menschen mehr mit auf den Weg geben kann als Rechnen, Lesen und Schreiben.

Literatur

AUVA/Allgemeine Unfallversicherungsanstalt (2023): Versicherten-Information. Unfallversicherung für Schüler:innen. In: https://www.auva.at/cdscontent/load?contentid=10008.542584&version=1483447747, 01.01.2024

BMAS/Bundesministerium für Arbeit und Soziales (2022): Zu Ihrer Sicherheit. Unfallversichert in der Schule. In: https://www.bmas.de/SharedDocs/Downloads/DE/Publikationen/a402-unfallversicherung-schule.pdf?__blob=publicationFile&v=4, 01.01.24

BremSchulG/Bremisches Schulgesetz. Stand März 14.12.2021, herausg. von Freie Hansestadt Bremen. In: https://www.transparenz.bremen.de/sixcms/detail.php?gsid=bremen2014_tp.c.118560.de&template=00_html_to_pdf_d, 31.12.2023

BZgA/Bundeszentrale für gesundheitliche Aufklärung (2024): Vorlesen und Erzählen – Ein Schatz für die Entwicklung. In: www.kindergesundheit-info.de/themen/spielen/hauptsache-spielen/vorlesen-erzaehlen, 01.01.2024

Giermaier, A. K. (2024): Storytelling – Gehirn-gerecht begeistern mit Geschichten erzählen. In: http://lernenderzukunft.com/storytelling-gehirn-gerecht-praesentieren, 01.01.2024

Heckmair B., Michl W. (2018): Erleben und Lernen. Einführung in die Erlebnispädagogik. 8. Aufl. Ernst Reinhardt, München

HKM/Hessisches Kultusministerium (2009): Schulwanderungen und Schulfahrten. In: http://fachpraxis-in-hessen.de/Erlass_Schulwanderungen_und_Schulfahrten_2009.pdf, 01.01.2024

Kley, M. (2015): Erfolgreiche Projekttage und Projektwochen planen und durchführen. In: https://www.lehrerwelt.de/referendare/fachbeitraege/projekttage-und-projektwochen-planen, 01.01.2024

KVG/Bundesgesetz über die Krankenversicherung. Stand 01.01.2024, herausg. von der Bundesversammlung der Schweizerischen Eidgenossenschaft. In: https://www.fedlex.admin.ch/eli/cc/1995/1328_1328_1328/de, 01.01.2024

MBJS/Ministerium für Bildung, Jugend und Sport des Landes Brandenburg (2007): Aufgaben des pädagogischen Personals an Schulen in öffentlicher Trägerschaft im Land Brandenburg – Leitfaden. In: https://opus4.kobv.de/opus4-slbp/files/5218/broschuere_aufgaben_paedpersonal2007.pdf, 01.01.2024

MBJS/Ministerium für Bildung, Jugend und Sport des Landes Brandenburg, (2015): Rahmenlehrplan Grundschule Sachunterricht. In: https://bildungsserver.berlin-brandenburg.de/fileadmin/bbb/unterricht/rahmenlehrplaene/Rahmenlehrplanprojekt/amtliche_Fassung/Teil_C_Sachunterricht_2015_11_16_web.pdf, 31.12.2023

MSJK/Ministerium für Schule, Jugend und Kinder des Landes Nordrhein-Westfalen (2004): GanzTag in NRW. Die offene Ganztagsschule im Primarbereich. Leitfaden für Schule und Jugendhilfe. Stand Dezember 2004. In: www.skf-dueren.de/dl/Leitfaden%20GanzTag%20in%20NRW_Landesregierung.pdf, 01.01.2024

MSW NRW/Ministerium für Schule und Weiterbildung des Landes Nordrhein-Westfalen (2010): Gebundene und offene Ganztagsschulen sowie außerunterrichtliche Ganztags- und Betreuungsangebote in Primarbereich und Sekundarstufe I. RdErl. d. Ministeriums für Schule und Weiterbildung v. 23.12.2010. In:https://bass.schul-welt.de/11042.htm, 01.01.2024

SchulG NRW/Schulgesetz für das Land Nordrhein-Westfalen. Stand 23.02.2022, herausg. vom Ministerium für Schule und Weiterbildung des Landes Nord rhein-Westfalen. In: https://bass.schul-welt.de/pdf/6043.pdf, 31.12.2023

SchulG RLP/Schulgesetz des Landes Rheinland Pfalz. Stand 07.12.2022, herausg. vom Ministerium für Bildung, Rheinland Pfalz. In: https://www.landesrecht.rlp.de/bsrp/document/jlr-SchulGRP2004rahmen/part/X, 01.01.2024